RENATE VOGL
Das große Fensterbilder-Buch

VORLAGEN IN ORIGINALGRÖSSE

Liebe Bastelfreunde,

herzlichen Glückwunsch zum Kauf dieses Bastelbuches. Sie finden darin meine schönsten Tonkarton- und Transparent-Fensterbilder. Wer bereits eines meiner vielen Bastelbücher besitzt, die ich im Laufe der letzten fünf Jahre im Augustus Verlag in der Weltbild Verlagsgesellschaft veröffentlichen durfte, kennt vielleicht schon das eine oder andere Motiv – seien Sie nicht traurig, Sie finden sicherlich auch viel Neues.

Den Eltern und Erziehern in Kindergärten und Heimen, die sich bisher aus Preisgründen vom Kauf zurückhielten, wird mit dieser wirklich preisgünstigen Sonderausgabe die ganze Welt der herrlichen Fensterdekorationen eröffnet: Auf daß jetzt noch viel mehr Fenster in ganz Deutschland, Österreich und der Schweiz mit lustigen Fensterbildern geschmückt werden können.

Das Material ist bekannt preiswert: Tonkarton, Tonpapier und Transparentpapier. Und die Motive sind nach den unterschiedlichsten Themen und Anlässen ausgewählt. Schwerpunkte bilden Ostern und Weihnachten. Es gibt aber auch Fensterbilder für alle anderen Jahreszeiten und solche, die sich wunderbar als Mitbringsel zu kleineren und größeren Festen eignen. Überraschen Sie doch einmal Freunde, Verwandte und Bekannte. Lassen Sie sich von den Motiven auf den folgenden Seiten anregen. Mit den Vorlagen in Originalgröße, die Sie ab Seite 122 finden, wird das Basteln ein Kinderspiel.

Viel Freude und Erfolg beim Basteln

*Ihre
Renate Vogl*

Inhalt

Material und Werkzeug	6
Fensterbilder herstellen	8
Fensterbilder aus Tonkarton	10
Herzlichkeiten für alle Tage	10
Erlebnisreiche Tierwelt	24
Märchenhaftes zur Nacht	36
Bunte Spielwelt	46
Frühlingshaftes zu Ostern	58
Winterliches zu Weihnachten	68
Transparente Tonkartonmotive	82
Fensterschmuck zu Advent und Weihnachten	110
Bastelvorlagen	122

Material und Werkzeug

Schneidunterlage
Um die Tischplatte vor Beschädigung zu schützen, ist eine feste Kartonunterlage erforderlich. Die Stärke sollte 1½ mm bis 2 mm betragen. Bei zu vielen Schnittstellen den Karton bitte auswechseln.

Tonkarton
Die Auswahl an Farben ist reichhaltig. Das Format DIN A3 wird in Bastelgeschäften angeboten; die Größe DIN A2 in Fachgeschäften für Graphikbedarf, die auf Wunsch auch das Format halbieren. Der Karton sollte beidseitig bedruckt sein, da auch die einfachen Motive ansonsten doppelt ausgeschnitten werden müssen.

Tonpapier
Erhältlich in allen Schreibwarengeschäften. Die Formate gehen ab DIN A4 bis DIN A3.

Geodreieck
Ideal für Rasterzeichnungen und zum Ausmitteln einer Strecke. Rechtwinklige Formen können exakt aufgezeichnet werden.

Bleistift
Der Bleistift sollte nicht härter als HB sein. HB-Striche lassen sich leicht wieder entfernen, ohne Spurrillen zu hinterlassen. Die Spitze des Bleistiftes sollte auch immer als solche gehalten werden. Beim Nachzeichnen der Konturen nicht zu fest aufdrücken.

Radiergummi
Auch hier keinen harten Gummi verwenden. Weiche Radiergummis schmieren nicht und beschädigen auch nicht die Oberfläche eines Papiers bzw.

eines Kartons. Zum Entfernen von feinen Linien einfach nur die Spitze des Radiergummis abschneiden. Mit der glatten Schnittflächenkante des Stückchens kann die versteckteste Konturlinie entfernt werden.

Zirkel
Motive, die in einem Kreis stehen, sind ohne letzteren in der Vorlage abgebildet. Die Maße in der Arbeitsanleitung geben an, wie groß der äußere und der innere Kreisdurchmesser sein sollen.

Nagelschere
Kleine Rundungen und Kreise wie zum Beispiel Blütenkonturen und Blütenkerne lassen sich hervorragend mit dieser Schere ausschneiden.

Papierschere
Ein Werkzeug, das in jedem Haushalt griffbereit ist. Das aufgezeichnete Motiv wird vor dem Konturenschnitt grob aus der großen Kartonfläche ausgeschnitten.

Metallineal
Zum Arbeiten mit dem Cutter hervorragend geeignet, da ein Einschneiden in das Lineal nicht möglich ist.

Cutter
Das wichtigste Werkzeug überhaupt. Wer sich das Arbeiten mit dem Cutter angewöhnt hat, verzichtet nicht mehr darauf. Die Konturen der Motive werden glatt, und auch der spitzeste Winkel kann sauber ausgeschnitten werden.

Klebstoff
Er darf nicht zu flüssig sein und sollte schnell trocknen. Die Eigenschaften und Anwendungsgebiete stehen auf jeder Verpackung.

Filzstifte
Zum Ausmalen von Gesichtern oder sonstigen Teilen, die aus hellfarbenen Kartons bestehen. Eventuell auch für Korrekturen bei Kratzstellen geeignet.

Knopflochseide
Der Aufhängefaden eines Fensterbildes.

Transparentpapier
Wird zum Abpausen der Motivvorlagen benötigt.

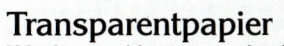

Um Ihnen einen leichten Einstieg in die Herstellung von Fensterbildern zu geben, möchte ich Ihnen anhand der nachfolgenden „Schritt-für-Schritt-Abbildungen" die richtige Reihenfolge von Arbeitsweise und Arbeitstechniken zeigen. Das Titelmotiv „Verstecktes Vogelnest" eignet sich besonders dafür, da gerade bei diesem Fensterbild so ziemlich alle Techniken angesprochen werden, die Sie auch bei all den anderen Fensterbildern in diesem Buch anwenden können.

Was die Farbzusammenstellung betrifft, so können Sie diese laut Materialangaben übernehmen oder aber eigene Farbvarianten bestimmen, denn im Endeffekt soll ja das Bild ein Fenster in Ihren Räumen schmücken.

Tonkarton:
grün, oliv, sienna, rostbraun

Tonpapier:
schwarz, weiß, orange, gelb, grasgrün

Die Vorlage zu „Verstecktes Vogelnest" finden Sie auf den Seiten 138 f.

Zuerst werden Schablonen hergestellt. Die Motive und deren Einzelteile wie Flügel usw. abpausen und die Mengenangaben dazuschreiben. Alle Konturen von links mit Klebstoff nachfahren und auf einen hellen Tonkarton kleben, glattstreichen, Löschpapier oder ähnliches darüberlegen und die Motive zuerst mit der Schere großzügig, dann mit dem Cutter exakt ausschneiden.

Mit dem Grundstock beginnen. Die Schablonen paßgerecht aufeinanderlegen und die Paßränder des einen Teils auf dem anderen Teil kennzeichnen, so daß diese beim Aufzeichnen auf den betreffenden Tonkarton dort ebenfalls angedeutet werden können. Inliegende Hilfslinien sind leicht zu übertragen, wenn man sie bei der betreffenden Schablone durch Ausschneiden hervorhebt.

Alle Teile paßgerecht und zuerst ohne Klebstoff einander anpassen. Die Hilfslinien überprüfen, eventuell noch einige dazuzeichnen. Die inneren Paßkonturenflächen, die sich beim Aufeinanderlegen ergeben haben, einstreichen, die betreffenden Teile auflegen, dann die Gegenstücke ganzseitig mit Klebstoff versehen, dagegendrücken. ACHTUNG! Nicht zuviel Klebstoff auftragen.

Die Paßränder der zusammengeklebten Teile überprüfen und bei Bedarf mit dem Cutter ausgleichen. Wie bereits erwähnt, besteht jedes Motiv aus einem sogenannten Grundstock, an dem die Aufhängung eines Fensterbildes angebracht wird. Bei diesem Motiv ist der Nestrahmen inklusive Dachabdeckung tragendes Element. Die Überlappungsstellen müssen exakt mit Klebstoff eingestrichen werden, so daß sich diese bei Sonneneinfluß oder Heizungswärme nicht lösen. Wenn dieser Grundstock steht, die einzelnen Motivteile dazugestalten.

Die Blätter aufzeichnen, grob mit der Schere aus- und mit dem Cutter nachschneiden. Kleine Blüten mit der Nagelschere ausschneiden. Motivteile, die mehrmals benötigt werden und, wie hier, zusammengefaßt einen Strauch oder einen Blütenzweig ergeben, können beim Ausschneiden in der Form etwas verändert werden, da auch in der Natur kein Blatt dem anderen gleicht. Die kleinen Blütenkerne mit einem Locher ausstanzen.
Die Blätter, wie das Motiv zeigt, formieren und an den Blattspitzen zusammenkleben.

Bei Zweigen zuerst die schmalen Stellen ausschneiden. Bei Blüten den Cutter immer an den Ecken ansetzen, und mehrteilige Blätter vom Stielansatz zur Blattspitze hin ausschneiden. Für die Blütenkerne einen Raster mit 1 cm Abstand aufzeichnen und in jedes Quadrat einen Kreis einzeichnen. Die Quadrate mit Lineal sowie Cutter trennen und die Kreise mit der Schere ausschneiden.

Eine Figur besteht meist aus mehreren Teilen. Die Konturen auf den betreffenden Karton aufzeichnen und bei doppelten Teilen auf das Gegenstück achten. Bei diesem Vogel werden zuerst einzelne Teile auf einer Körperhälfte fest- und der Aufhängefaden eingeklebt. Die zweite Körperhälfte darüberlegen und die restlichen Teile ankleben. Augen und Schnabel aufmalen.

Das Arbeiten mit dem Cutter
Er erleichtert die Arbeit und hinterläßt fransenfreie Schnittkanten

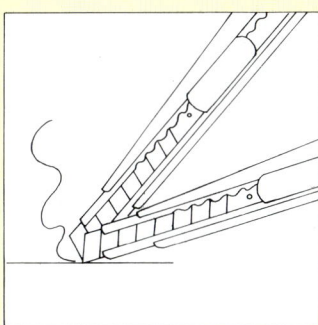

Bei einem geradlinigen Schnitt, den Cutter im 30°-Winkel relativ flach halten.
Bei engen Kurven den Cutter etwas steiler im 60°-Winkel wie einen Bleistift führen.

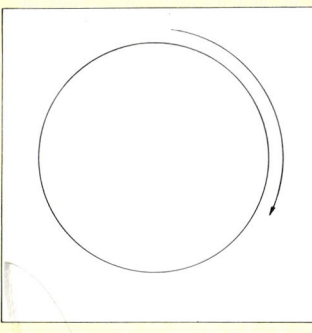

Der Rand eines Kreises wird am schönsten, wenn der Cutter rechts um den Kreis, zum Bastelnden hin, geführt wird. Die Linie bleibt so immer im Sichtfeld.

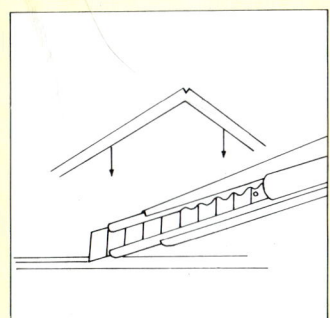

Teile, die geknickt werden müssen, sollten vorher leicht angeritzt werden. Das Messer darf dabei die Kartonoberfläche nur leicht berühren. So entsteht eine saubere und glatte Knickstelle.

Gräser oder Sterne immer vom Motiv wegschneiden. So kann das Teil selbst nie beschädigt werden. Ausrutscher verschwinden auf dem Wegwerfteil.

Herzlichkeiten für alle Tage

Sagen Sie's mit einem Fensterbild. Der Ballon mit viel Herz zum Beispiel zeigt dem liebsten Menschen, daß Sie auf Wolken schweben. Das Margeritenherz wiederum kann ein herzliches Dankeschön zum Muttertag sein. Auch für Freunde und Bekannte ist der Bauernkranz ein Mitbringsel, das nie verwelkt. Jedes der nachfolgenden Motive sagt dem Beschenkten – beim Blick aus dem Fenster – „Du, ich denk an Dich!"

Herzlichkeiten für alle Tage

Margeritenherz

Tonkarton
weiß

Tonpapier
orange

Den stark umrandeten Herzrahmen sowie ein Blütenblatt aus der ganzen Blüte und den Blütenkern abpausen. Letzterer kann aber auch mit einem Zirkel direkt auf den Schablonenkarton mit 2,3 cm Durchmesser aufgezeichnet werden.
Das Transparentpapier auf einen hellen Karton kleben. Beim Glattstreichen ein zweites Papier darüberlegen, um unschöne Wischspuren zu vermeiden. Die Teile mit dem Cutter ausschneiden und das Herz auf dem weißen Tonkarton nachzeichnen.
Das Blütenblatt 128mal aufzeichnen, denn für eine Blüte benötigen Sie 8 Blätter, und 16 Blüten faßt der Herzrahmen. Aus dem Tonpapier 32 Blütenkerne schneiden. Für die Herstellung der Blüte einen Blütenkern mit Kleber einstreichen und 8 Blätter aufkleben.
Zum Schluß einen weiteren Blütenkern darüberkleben. Den Herzrahmen mit den Margeriten verzieren.

Die Vorlage zum „Margeritenherz" finden Sie auf Seite 124.

Herzlichkeiten für alle Tage

Bauernkranz

Das kleine Herz, das Blatt und das Trachtenpärchen abpausen. Auf der linken Seite des Transparentpapiers die Motivfläche exakt mit Klebstoff einstreichen, auf hellen Karton kleben, mit der Handkante glattstreichen und ausschneiden. Je exakter die Schablonenherstellung ist, desto schöner werden die Originale. Das Blatt 20mal auf den grünen, das Herz 5mal auf den roten Tonkarton aufzeichnen. Der Grundstock des Motivs ist ein runder Rahmen mit einem äußeren Durchmesser von 21,5 cm und einer Stärke von 1 cm. Letzteren ebenfalls auf roten Tonkarton aufzeichnen. Nachdem sich auch die Kontur des Pärchens auf blauem Karton befindet, alle Teile ausschneiden. Den Mund mit einer Lochzange ausstanzen. Jetzt die Blätter versetzt zueinander aufkleben und die Herzen gleichmäßig verstreut dazufixieren. Das Trachtenpärchen freihängend mit Knopflochseide am Rahmen festknoten.

Tonkarton
rot, meergrün, blau

Die Vorlage zum „Bauernkranz" finden Sie auf Seite 125.

Zur Schablonenherstellung für „Tanzende Herzen" auf der Vorlage die innere Kontur des Herzenrahmens abpausen. Ebenfalls die inliegenden kleinen Herzen sowie auch das kleinste Herz im Herz abzeichnen. Den Klebstoff nach dem Auftragen auf der linken Seite des Transparentpapiers mit dem Finger verstreichen. Danach auf einen hellen Karton aufkleben, glattstreichen und ein paar Minuten trocknen lassen. Nicht auf die

Tonkarton
rot

Die Vorlage zu „Tanzende Herzen" finden Sie auf Seite 124.

14

Herzlichkeiten für alle Tage

Herzliche Verbindung

Heizung legen, da die schnelle Wärmezufuhr den Karton wölbt. Zuerst das kleinste der Herzen herausschneiden. Beim großen Herz, dem Grundstock, die drei herzförmigen späteren Freiräume ebenfalls ausschneiden und erst zum Schluß die große Kontur. Das kleinste Herz 9mal, das große Herz 1mal auf den roten Tonkarton übertragen und alle Formen mit dem Cutter ausschneiden. Die kleinen Herzen der Länge nach halbierend anritzen, knicken und jeweils drei gegeneinander kleben, wobei in die Mitte ein Aufhängefaden miteingelegt wird. Die dreidimensionalen Herzen nun in die Freiräume des Grundstocks hängen. Die Aufhängelöcher entweder mit einer Nadel durchstechen oder mit einer Lochzange, falls vorhanden, vorstanzen.

Für das Motiv „Herzliche Verbindung" den Herzrahmen als Schablone herstellen und auf roten Tonkarton übertragen. Hier ist Ihre Fensterbreite entscheidend dafür, wie viele Herzen ausgeschnitten werden müssen. Die herzliche Verbindungskette in der Abbildung wird aus 18 Herzen gebastelt. Dazu die Herzen an der breitesten Stelle mit Knopflochgarn verbinden. Mit 3-4 weiteren Fäden die Kette aufhängen.

Die Vorlage zu „Herzliche Verbindung" finden Sie auf Seite 125.

Herzlichkeiten für alle Tage

Herzliche Grüße

Tonkarton
rot

Tonpapier
blau, gelb, braun

Transparentpapier über die Vorlagen legen und den stark umrandeten Herzrahmen, den Schmetterling, die Sonnenblumenblüte sowie den Blütenkern abpausen. Größere Teile zuerst grob ausschneiden, dann auf der linken Papierseite, besonders entlang der Konturlinien, mit Kleber einstreichen und die einzelnen Schablonen herstellen. Der Herzrahmen wird aus rotem Tonkarton 2mal ausgeschnitten und gegeneinander geklebt, so daß ein fester Grundstock des Motivs entsteht. Die äußere Kontur der Sonnenblumenblüte 2mal aus gelbem Tonpapier ausschneiden und auf der linken Hälfte des Herzrahmens gegeneinander zusammenkleben, wobei der Rahmen zwischen den beiden Blüten liegt. Achten Sie darauf, daß die vorderen Blütenblätter versetzt zu den hinteren liegen. Den Blütenkern 2mal aus braunem Tonpapier ausschneiden und auf die Vorder- sowie Rückseite der Blüte kleben. Den Schmetterling 2mal aus blauem Tonpapier ausschneiden, wobei die inneren Konturen, die Maserung der Flügel, ebenfalls ausgeschnitten werden. Aus dem gelben Tonpapier nur die äußere Kontur des Schmetterlings ausschneiden, denn dieses Teil wird nun beim Zusammenkleben zwischen die blauen Schmetterlingsformen gelegt. Beim Kleben darauf achten, daß Sie nur die blauen Teile mit Kleber versehen. Den Schmetterling auf den Herzrahmen und die Blüte aufsetzen. Zwei Herzen, zum Ausbalancieren des Fensterbildes, aus dem roten Tonkarton ausschneiden und auf der rechten Rahmenhälfte anbringen.

Die Vorlage zu „Herzliche Grüße" finden Sie auf Seite 124/125.

Herzlichkeiten für alle Tage

Brieftaube

Bei der Herstellung die Trennlinien der Flügelfedern so einschneiden, daß dabei kleine Kerben entstehen. Den Körper der Taube 2mal aus hellgrauem, das Schwanzteil 1mal und den Kopf 2mal aus dem blauen Tonkarton ausschneiden.
Zuerst wird nun das hintere Schwanzteil beider Körperteile leicht vorgewölbt. Diese mit Klebstoff einstreichen, das blaue Schwanzteil einlegen und den Körper zusammenkleben. Beide Kopfteile ebenfalls mit Kleber einstreichen und fest gegeneinanderdrücken, wobei ein Stück vorderstes Körperteil zwischengeschoben wird. Die Augen mit einem Locher aus weißem Tonpapier ausstanzen, aufkleben und die Pupillen mit dunkelgrauem Filzstift einzeichnen. Den Schnabel orange einfärben.
Die Briefschablone 2mal aus dem weißen Tonpapier ausschneiden, wobei bei einem Teil die Herzform mitausgeschnitten wird. Die weißen Briefteile mit Klebstoff einstreichen, lilafarbenes Papier dazwischenlegen und zusammenkleben. Den Brief in den Schnabel der Taube stecken.

Tonkarton
hellgrau, blau

Tonpapier
weiß, lila

Die Vorlage zur „Brieftaube" finden Sie auf Seite 122.

Herzlichkeiten für alle Tage

Lieblicher Amor

Tonkarton
pink, weiß

Tonpapier
rot, gelb

Den Herzrahmen entlang der beiden dünnen Konturlinien auf Transparentpapier nachzeichnen. Der Amor besteht aus Körper, Pfeil und Bogen. Die Wolke wird als Schablonenform nur einmal benötigt.

Den Herzrahmen aus pinkfarbenem Tonkarton schneiden. Er ist der Grundstock dieses Motivs. Die Form der Wolke 2mal und die des Amors 1mal vorsichtig mit leichtem Bleistiftstrich auf den weißen Tonkarton übertragen, danach ausschneiden und die sichtbaren Linien mit einem weißen Radiergummi entfernen. Die Trennlinien der Flügelfedern als schmale Kerben ausschneiden. Den Pfeil 1mal aus rotem Tonpapier ausschneiden. Den gelben Bogen nicht am Körper des Amors festkleben, sondern nur umlegen, so daß er von der Schulter und dem hochstehenden Bein gehalten wird. Den Pfeil hinter der Handfläche festkleben. Nun beginnt die Montage der einzelnen Teile. Das Knopflochgarn an der oberen Flügelkante des Amors befestigen und an der oberen Herzspitze der Innenkante anknoten. Die Wolken ausmitteln, rechts und links von Amor liegend ebenfalls an der Innenkante befestigen, so daß sich alle Teile im Innenraum frei bewegen können. Zum Schluß ein Aufhängeloch an der Außenkante der oberen Herzspitze mit einer Lochzange einstanzen oder mit der Nadel einfach nur durchstechen.

Mein Tip: Die Wolken beschriften und einem Verlobungs- oder Hochzeitsgeschenk beilegen.

Die Vorlage zu „Lieblicher Amor" finden Sie auf Seite 123.

Herzlichkeiten für alle Tage

Herziger Ballon

Die verstärkt dargestellte Herzkontur, die Gräser, das Blatt, eines der fünf Blütenblätter, den Blütenkern und den Korb abpausen und von jedem dieser Teile eine Schablone herstellen. Beim Korb werden die fast quadratischen Kästchen herausgeschnitten. Das Herz, der Grundstock des Motivs, 3mal aus dem pinkfarbenen und 3mal aus dem lilafarbenen Tonkarton ausschneiden. Jedes Herzteil, der Länge nach halbierend vorsichtig anritzen, knicken und farbwechselnd gegeneinanderkleben. In der Herzmitte ein Aufhängegarn mitführen. Nun den Korb anfertigen. Die rechteckige Kontur auf dem meergrünen Karton auf- und alle vertikalen Kanten der Kästchen anzeichnen. Die Kontur ausschneiden, die Linien der Kästchen nachschneiden. Zwei 13 cm lange und 9 mm breite Streifen aus grünem Tonkarton schneiden und durch die Einschnitte des Korbs ziehen. Die Streifen kantengleich mit dem Korbrand abschneiden. Die Gräserschablone 2mal auf den grünen, die Blattschablone 4mal auf den meergrünen Tonkarton übertragen, ausschneiden und in die eingefädelten Korbstreifen stecken. Die Blütenschablone 10mal aus dem pinkfarbenen und 5mal aus dem lilafarbenen Tonkarton zurechtschneiden. Pro Blüte werden zwei Blütenkerne benötigt, die die Blütenblätter von beiden Seiten zusammenhalten sollen. Die Blüten auf beide Gräser und ein Blatt setzen. Den Korb am Ballon befestigen.

Tonkarton
lila, pink, grün, meergrün

Tonpapier
weiß

Die Vorlage zu „Herziger Ballon" finden Sie auf Seite 123.

Herzlichkeiten für alle Tage

Mädchen und Junge

Tonkarton Mädchen
pink, hellgrau

Tonpapier Mädchen
gelb

Tonkarton Junge
türkis, hellgrau

Tonpapier Junge
orange

Die Herstellung beider Motive ist identisch. Grundstock ist der Herzrahmen. Er wurde in der Vorlage nur zur Hälfte aufgezeichnet. Bei der Erstellung Ihrer Schablone den Rahmen 2mal abpausen, ausschneiden und Stoß an Stoß (entlang der Strich-Punkt-Strich-Linie) auf einen Schablonenkarton aufkleben. Für die Figur (Junge oder Mädchen) werden folgende Schablonenteile benötigt: Körper, vorderes und hinteres Haarteil sowie Windelvorder- und Windelhinterteil. Zum Mädchen gehören noch eine Schleife und ein Schleifenband. Die Figur 1mal aus hellgrauem Karton, beide Haarteile und die Windelteile aus dem betreffenden Karton ausschneiden. Die Windel- und Haarteile der Figur anpassen und auch unsaubere Schnittkanten ausgleichen. Die Gesichter mit dunkelgrauem Filzstift aufmalen. Die Schleife des Mädchens 1mal aus dem betreffenden Karton und das kurze Schleifenband 5mal ausschneiden. Je zwei kurze Bänder an den Zöpfen befestigen, die Schleife vorne und das Gegenstück hinten am Haarschopf ankleben. Die Figur am Herzrahmen so befestigen, daß sie sich frei bewegen kann.

Mein Tip: Die Figur auf eine selbstgebastelte Karte kleben und als Glückwunschbrief zur Niederkunft abschicken.

Die Vorlage zu „Mädchen und Junge" finden Sie auf den Seiten 126/127.

Herzlichkeiten für alle Tage

Schwanenpaar

Tonkarton
weiß

Tonpapier
rosa

Transparentpapier über die Vorlage legen und den Schwan sowie das Herz abpausen. Beide Teile auf den Schablonenkarton aufkleben, wobei das gleichmäßige Einstreichen der Konturen mit Klebstoff sehr wichtig ist. Gut trocknen lassen, dann erst ausschneiden. Die Flügeleinschnitte bei der Schablonenherstellung etwas größer ausschneiden, da die Bleistiftkonturen nach dem Aufzeichnen wieder enger aneinanderliegen. Den Schwan 2mal auf den weißen Tonkarton übertragen. Achten Sie bitte darauf, daß die Aufzeichnungskonturen leicht, eher etwas schwach ausfallen. Beide Schwäne ausschneiden und so übereinanderlegen, daß Sie den Aufhängefaden durch beide Schnabelspitzen führen können. Die Körper ebenfalls so lange verschieben, bis der Zwischenraum der Hälse zum Körper hin identisch ist. Der entstehende Hohlraum entspricht einer Tropfenform. Danach die Körper zusammenkleben. Das Herz 3mal aus rosafarbenem Tonpapier ausschneiden, der Länge nach halbierend anritzen, knicken und gegeneinanderkleben. In der Mitte einen Aufhängefaden mitführen. Die Kreuzung der Schwäne ist der Befestigungspunkt des dreidimensionalen Herzens.

Mein Tip. Beschriften und einem Hochzeitsgeschenk beilegen. Das frischgetraute Paar wird die Schwäne sicher zum Andenken aufhängen.

Die Vorlage zum „Schwanenpaar" finden Sie auf den Seiten 126/127.

Herzlichkeiten für alle Tage

Schleifenherz

Zuerst die Schablonen für den kleinen Vogel, das Schleifenherz und das kleine Herz herstellen. Das Schleifenherz 1mal aus dem lindgrünen, das kleine Herz 1mal aus dem lilafarbenen und den kleinen Vogel 2mal aus dem gelben Tonkarton ausschneiden. Zuerst die beiden Vogelformen mit ihren Schnäbeln jeweils an den äußersten Schleifenkanten ankleben. Das kleine Herz zwischen beiden Vögeln ausmitteln und die Schwanzteile daran ankleben. Einen Faden am Schleifenherzknoten fixieren und zur Herzspitze hinaufführen. Dieser Faden dient nur zur Sicherung, da die kleinen Schnäbel das große Schleifenherz allein nicht halten können. Den eigentlichen Aufhängefaden an der oberen Herzmitte durchziehen.

Tonkarton
lindgrün, gelb, lila

Mein Tip: Mehrere kleine Vögel aus buntem Tonpapier oder Karton ausschneiden und als Dekorationsschmuck am Kindergeburtstag verwenden und zum Abschluß verschenken.

Die Vorlage zum „Schleifenherz" finden Sie auf Seite 129.

Erlebnisreiche Tierwelt

Jedes Tier hat seinen eigenen Lebensraum. So gehört das Blatt dem Marienkäfer, die Wabe der Biene, der Teich dem Frosch sowie das Meer den Korallen und Fischen. Fangen auch Sie Szenen, Bauten und Gesten unserer Tiere in Form eines Fensterbildes ein. Sie werden sehen, wieviel Spaß es macht, unsere erlebnisreiche Tierwelt darzustellen und als dekorativen Schmuck in's Blumenfenster zu hängen.

Erlebnisreiche Tierwelt

Bunter Papagei

Tonkarton
gelb, rot

Tonpapier
blau, hellgrün,
schwarz, weiß,
hellbraun

Teile zum Schluß am Kopf ankleben. Beide Körperteile am Flügelansatz (Strichellinie von Pfeil zu Pfeil) einschneiden. Den Flügel, ebenfalls entlang der Strichlinie, anritzen, knicken, in den Körperschnitt einschieben und festkleben. Die Körperteile zusammen- und zusätzlich die Schwanzfedern einkleben. Die Pupille mit schwarzem Filzstift einzeichnen. Mit etwas Feingefühl die Flügel so stellen, daß der Papagei waagerecht die Balance hält.

Mein Tip: Den Papagei an einer Palme befestigen, und sofort kommt ein Gefühl von Südseestimmung auf.

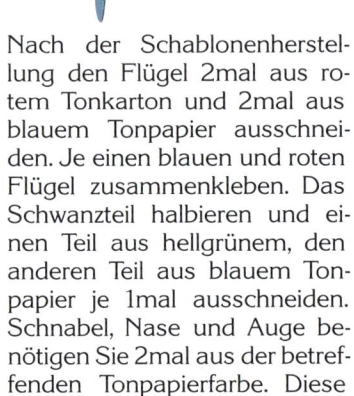

Nach der Schablonenherstellung den Flügel 2mal aus rotem Tonkarton und 2mal aus blauem Tonpapier ausschneiden. Je einen blauen und roten Flügel zusammenkleben. Das Schwanzteil halbieren und einen Teil aus hellgrünem, den anderen Teil aus blauem Tonpapier je 1mal ausschneiden. Schnabel, Nase und Auge benötigen Sie 2mal aus der betreffenden Tonpapierfarbe. Diese

Die Vorlage zu „Bunter Papagei" finden Sie auf Seite 128/129.

Erlebnisreiche Tierwelt

Bienchen im Wabenstock

Als Schablonen benötigen Sie die Wabe, den Bienenkörper, das vordere sowie das hintere Flügelteil und das gestreifte Rückenteil. Zuerst den Wabenstock, wie in der Vorlage als kleine Schemazeichnung dargestellt, aufbauen, d.h., die Wabe kettenartig aneinanderreihend auf gelben Tonkarton aufzeichnen und davon nur die äußere Konturlinie ausschneiden. Die Wabe dann nochmals 8mal als Einzelteile aufzeichnen, ausschneiden und aneinandergereiht auf den vorgezeichneten Wabenstock kleben. Dann erst den Innenraum der einzelnen Waben auch beim Wabenunterbau ausschneiden. So werden die Hohlräume der Waben kantengleich und weisen keine Verschiebungen auf. Die Herstellung einer Biene ist einfach und problemlos. Den Körper 1mal auf gelbem Tonkarton, die beiden Flügelteile je 1mal im Klappverfahren auf sandfarbiges Tonpapier aufzeichnen und ausschneiden. Zum eben genannten Klappverfahren legen Sie das Flügelteil, das in der Vorlage nur zur Hälfte dargestellt ist, auf das betreffende Tonpapier, zeichnen die Außenkontur leicht nach und klappen dann die Flügelschablone an der geraden Kante um, so daß die gerade Schablonenkante an die bereits gezeichnete Kantengerade stößt. Nun die Kontur des umgeklappten Flügels nachzeichnen. Die Stoßlinie ist somit die Mitte der beiden Flügelteile. Nun den gestreiften Rücken 2mal aus dem mokkafarbenen Tonpapier ausschneiden und beidseitig auf den Bienenkörper kleben. Entlang der gestrichelten Linie, in der Vorlage von Pfeil zu Pfeil, das Körperteil einschneiden, beide Flügelpaare bis zur Mittellinie durchziehen und ausrichten. Für die Beine und die Fühler vier 5 cm lange und 1 mm schmale Streifen schneiden und ebenfalls durch die angegebenen Schnittstellen ziehen und ausrichten. Die Augen mit einem schwarzen Filzstift einzeichnen und alle anderen Bienen, wie eben beschrieben, nacharbeiten. Zum Schluß alle Bienchen auf dem Wabenstock befestigen.

Tonkarton
gelb

Tonpapier
mokka, sand

Die Vorlage zu „Bienchen im Wabenstock" finden Sie auf den Seiten 128/129.

27

 Erlebnisreiche Tierwelt

Erlebnisreiche Tierwelt

Igelpärchen

Ein Igel besteht aus folgenden Schablonenteilen: Körper, Stacheln, Schleife und Arm.
Für den Igelbau benötigen Sie den Rahmen, die Blätter A, B, C, D und das Grasbüschel.
Zuerst mit dem Grundstock beginnen. Die Rahmenschablone auf grauen Tonkarton aufzeichnen und ausschneiden.
Die Blätter wie folgt aufzeichnen: A aus meergrünem Papier 8mal, B aus rostbraunem Papier je Größe 4mal, C aus weinrotem Papier 6mal, D aus kupferfarbenem Papier 4mal und das Grasbüschel aus meergrünem Papier 4mal. Alle Formen ausschneiden und gleichmäßig verteilt auf Vorder- und Rückseite des Rahmens kleben.
Die Herstellung beider Igel ist identisch. Den Körper 2mal aus pastellgelbem Tonkarton und die Stacheln 1mal aus braunem Tonkarton ausschneiden. Den Arm im Klappverfahren aufzeichnen, d.h., die gestrichelte Linie, wie in der Vorlage angegeben, ist der Bruch bzw. die Mitte von rechtem und linkem Arm. Die Schleife 2mal aus der betreffenden Tonpapierfarbe ausschneiden. Beide Körperteile gegeneinanderkleben und dabei die Stacheln 5 mm tief dazwischenschieben.
Den Körper in Schulterhöhe, wie in der Vorlage angegeben, von Pfeil zu Pfeil einschneiden und ein Armteil bis zur Mitte durchziehen. Mit dem Locher aus weißem Papier die Augen ausstanzen und alle Kleinteile aufkleben. Die Pupille, die Nase und die Schleife mit schwarzem Filzstift ausmalen. Die roten Bäckchen ausschneiden. Zum Schluß das Igelpärchen in den Bau setzen.

Mein Tip: Die Igel auf gefaltete Kärtchen setzen und beim Kindergeburtstag, mit Namen versehen, als Tischkärtchen verwenden.

Tonkarton
pastellgelb, grau, braun

Tonpapier
rot, blau, meergrün, weinrot, kupfer, rostbraun

Die Vorlage zum „Igelpärchen" finden Sie auf den Seiten 130/131.

Erlebnisreiche Tierwelt

Marienkäfer

Tonkarton
schwarz, grün, rot

Der Marienkäfer selbst besteht aus neun Einzelteilen: Kopf, Fühler, Hals, Körper, zwei Flügel und drei Beine. Für jedes dieser Formen eine Schablone herstellen. Pausen Sie die Teile nacheinander ab, und kleben Sie sie auf Ihren Schablonenkarton. Sparen Sie bei Kleinteilen wie den Beinchen nicht mit Klebstoff, denn nur wenn beide Papierteile gut miteinander verbunden sind, können so enge Formen wie an den Füßchen mühelos nachgeschnitten werden. Nachdem auch die Schablone für den Blattrahmen hergestellt ist, mit letzterem, dem eigentlichen Grundstock des Motivs, beginnen. Den Körper des Marienkäfers 1mal, die Beinchen je 2mal, die Fühler je 1mal, den Hals 2mal und den Kopf 1mal aus schwarzem Tonkarton ausschneiden. Die Flügel je 1mal aus rotem Tonkarton anfertigen und auf den Körper kleben. Den Hals auf die Körperoberseite und Unterseite gegeneinander mit eingeschobenem Kopfteil kleben. Die Beinchen nacheinander an der Körperunterseite befestigen. Ebenso die Fühler an der Unterseite des Kopfes ankleben. Die Augen aus weißem Papier arbeiten und die Pupillen mit schwarzem Filzstift aufmalen. Schwarze Punkte gleichmäßig über die Flügel verstreut aufkleben und den fertigen Marienkäfer in den Blattrahmen setzen.

Die Vorlage zum „Marienkäfer" finden Sie auf Seite 131.

Erlebnisreiche Tierwelt

Weiße Hühner

Alle Schablonenteile von Huhn und Umfeld herstellen. Der Zaun wird aus 1 cm breiten und 14 cm langen braunen Tonkartonstreifen zusammengeklebt. Die Zaunform entnehmen Sie bitte der Vorlage. Die Wiese 2mal auf einen olivfarbenen Tonkarton und die Blattform 5mal auf einem grasgrünen Tonpapier aufzeichnen, ausschneiden und die Wiesenteile mit eingeschobenen Zaunleisten gegeneinanderkleben. Für die Herstellung eines Huhnes brauchen Sie aus weißem Tonkarton 2mal den Körper und im Klappverfahren 1mal den Flügel, d. h., die gestrichelte Linie in der Vorlage entspricht der Flügelmitte. Die Füße sowie den Schnabel je 1mal aus orangefarbenem und den Kamm sowie den Kehllappen ebenfalls je 1mal aus rotem Tonpapier ausschneiden. Die Füße in ausgeglichener Lage in die gegeneinander geklebten Körperteile einschieben. Schnabel, Kamm und Kehllappen ebenfalls einschieben und mit einer Lochzange das Auge ausstanzen oder mit einem Filzstift aufmalen. Den Körper in Schulterhöhe, wie in der Vorlage angegeben, von Pfeil zu Pfeil einschneiden, eine Flügelhälfte vorsichtig bis zur Mittellinie durchziehen und ausrichten. Die Hühner auf die Wiese setzen und die Blätter auf Wiesenfläche sowie Wiesenrand aufkleben.

Tonkarton
weiß, braun, oliv

Tonpapier
rot, orange, grasgrün

Die Vorlage zu „Weiße Hühner" finden Sie auf den Seiten 130/131.

Erlebnisreiche Tierwelt

Erlebnisreiche Tierwelt

Tiefseeleben

Bei der Schablonenherstellung dieses Motivs ist zu beachten, daß Teile, die fortlaufend eingeschnitten werden (z. B. das Seegras), die Schablone als kompakte Form, d. h., nur die Außenkontur, ausgeschnitten wird. Die Einschnittstellen werden am Originalpapier angebracht. Dazu gehören außerdem Seegras, die gefächerte Koralle, der Quallenbart und deren Schwimmarme. Beginnen Sie mit dem Grundstock des Fensterbildes – dem Meeresrahmen. Die Form 2mal aus blauem Tonkarton, die Krabbe 1mal aus braunem Tonkarton, die Blattformen 2mal und 1mal (siehe Vorlage) sowie das Seegras 1mal aus meergrünem Tonpapier ausschneiden. Den orangefarbenen Seestern, die pastellgelbe Sandfläche mit der gefächerten Koralle benötigen Sie je 1mal. Außerdem werden die Steine 3mal aus grauem Tonpapier, die Quallenarme 1mal und der Quallenkörper 2mal aus weißem Tonpapier ausgeschnitten. Der Bart der Koralle 2mal in Lila aufzeichnen und ebenfalls ausschneiden. Eine Rahmenhälfte auflegen und alle Teile nacheinander aufkleben. Zuerst das Seegras, wie in der Vorlage angegeben, einschneiden und in die linke Bildseite kleben, so daß der Meeresrahmen als Stütze benutzt werden kann. Die Steine anhäufen, die Sandfläche einlegen und die gefächerte Koralle nach dem Einschneiden in der rechten unteren Bildseite unterbringen. Die Blätter verteilen und die zweite Rahmenhälfte auf die erste kleben. Fest andrücken, so daß sich der Rahmen nicht verziehen kann. Nun die Krabbe und den Seestern im Bildgeschehen unterbringen. Die Quallenteile, wie in der Vorlage angegeben, einschneiden, je eine Barthälfte auf eine Körperhälfte kleben und gegeneinanderdrücken. Nicht vergessen die Schwimmhäute vorher einzuschieben. Die Qualle so in das Bild hängen, daß sie sich frei bewegen kann. Wer will, kann die gesamte Tiefseeszene auch umgestalten.

Tonkarton
blau, braun

Tonpapier
meergrün, pastellgelb, grau, weiß, lila, orange

Die Vorlage zu „Tiefseeleben" finden Sie auf den Seiten 132/133.

Erlebnisreiche Tierwelt

Korallenfische

Tonkarton
pink, lila

Tonpapier
gelb, schwarz

Die Korallenblüte ist nur zur Hälfte in der Vorlage aufgezeichnet. Stellen Sie nur diese halbe Form als Schablone her und zeichnen Sie das Motiv im Klappverfahren auf. Das heißt, die halbe Blüte aufzeichnen, entlang der Strich-Punkt-Strich-Linie die Schablone umklappen und die zweite Blütenhälfte an die erste zeichnen. Dieser Vorgang geschieht 1mal auf dem pinkfarbenen und 1mal auf dem lilafarbenen Tonkarton. Beide Blütenteile am Blütenkelch und den zwei äußeren Armen zusammenkleben. Die restlichen Blütenarme vorsichtig nach vorne über den Zeigefinger streifen, so daß sich der Karton leicht einrollt. Die Fischform 2mal aus dem gelben und 2mal aus dem schwarzen Tonpapier aus- und die Maserung des Körpers herausschneiden. Beim Zusammenkleben der Körperteile ein weiteres Tonpapier dazwischenlegen, das aus der jeweiligen Gegenfarbe besteht. Die Schwimmflosse im Klappverfahren, wie oben beschrieben, ausschneiden, den Fischkörper an der vorgebenen Stelle von Pfeil zu Pfeil einschneiden und eine Flossenhälfte durchziehen und ausrichten. Beide Korallenfische in der Mitte der äußeren Blütenarme mit Knopflochgarn anknoten. Das Ausbalancieren der Korallenblüte erreichen sie durch gleichmäßiges Einrollen der Blütenarme. Das Aufhängeloch der Korallenblüte ist in der Vorlage angegeben.

Die Vorlage zu „Korallenfische" finden Sie auf Seite 128.

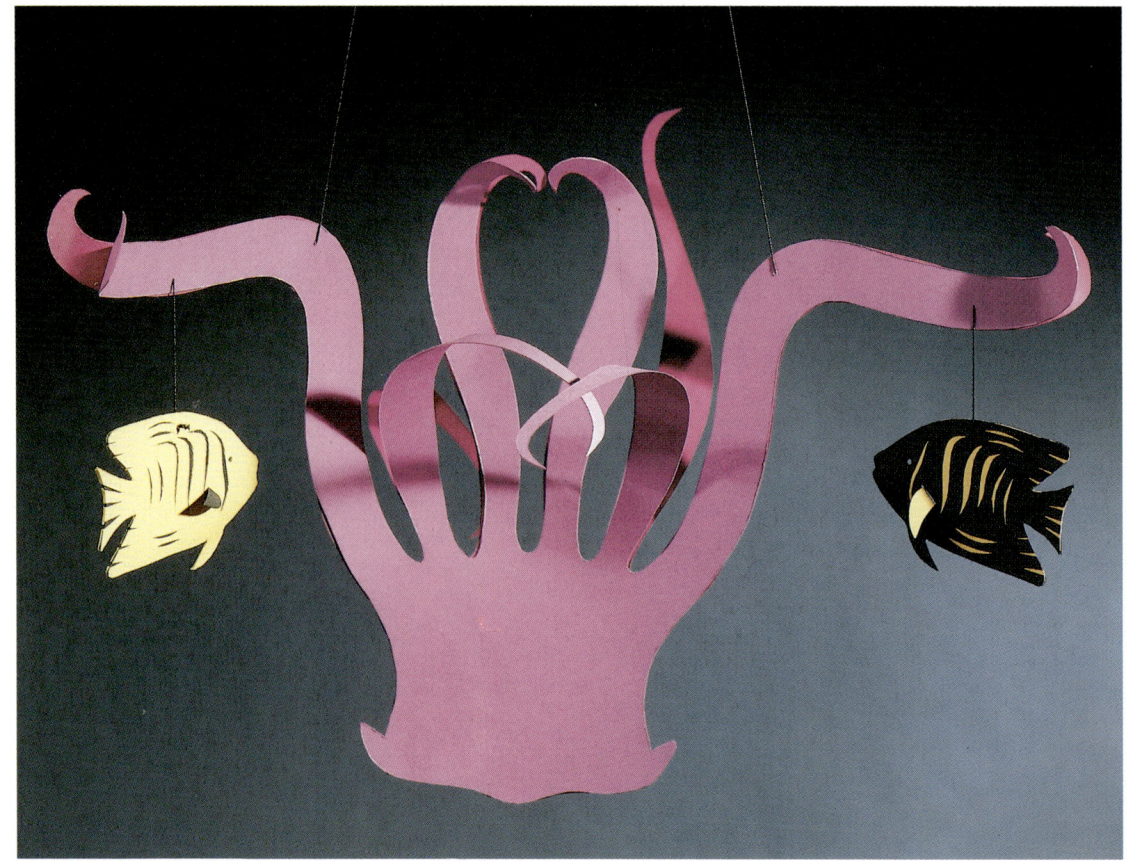

Erlebnisreiche Tierwelt

Lustiger Frosch

Transparentpapier über die Rahmenvorlage, den Frosch sowie das Seerosenblatt legen und die Teile abpausen. Beim Ausschneiden der Schablonen den Bauch des Frosches ebenfalls herausschneiden. Der Grundstock des Motivs ist der Rahmen und wird 2mal aus grasgrünem Tonkarton ausgeschnitten, danach gegeneinandergeklebt. Das Seerosenblatt 2mal auf grünem und den Frosch 1mal auf laubgrünem Tonkarton aufzeichnen. Die Bauchkontur auf gelbes Tonpapier übertragen. Die Seerosenblätter an den unteren Rahmen kleben, dann den Frosch fertigstellen. Den Bauch aufkleben, die Nasenlöcher und das Auge aus grünem Tonkarton herausschneiden. Letzteres durch Einschneiden einer Kerbe die Lider öffnen und mit weißem Papier unterlegen. Zum Schluß den Frosch in das Bild setzen.

Tonkarton
grasgrün, grün, laubgrün

Tonpapier
gelb

Die Vorlage zu „Lustiger Frosch" finden Sie auf den Seiten 134/135.

Märchenhaftes zur Nacht

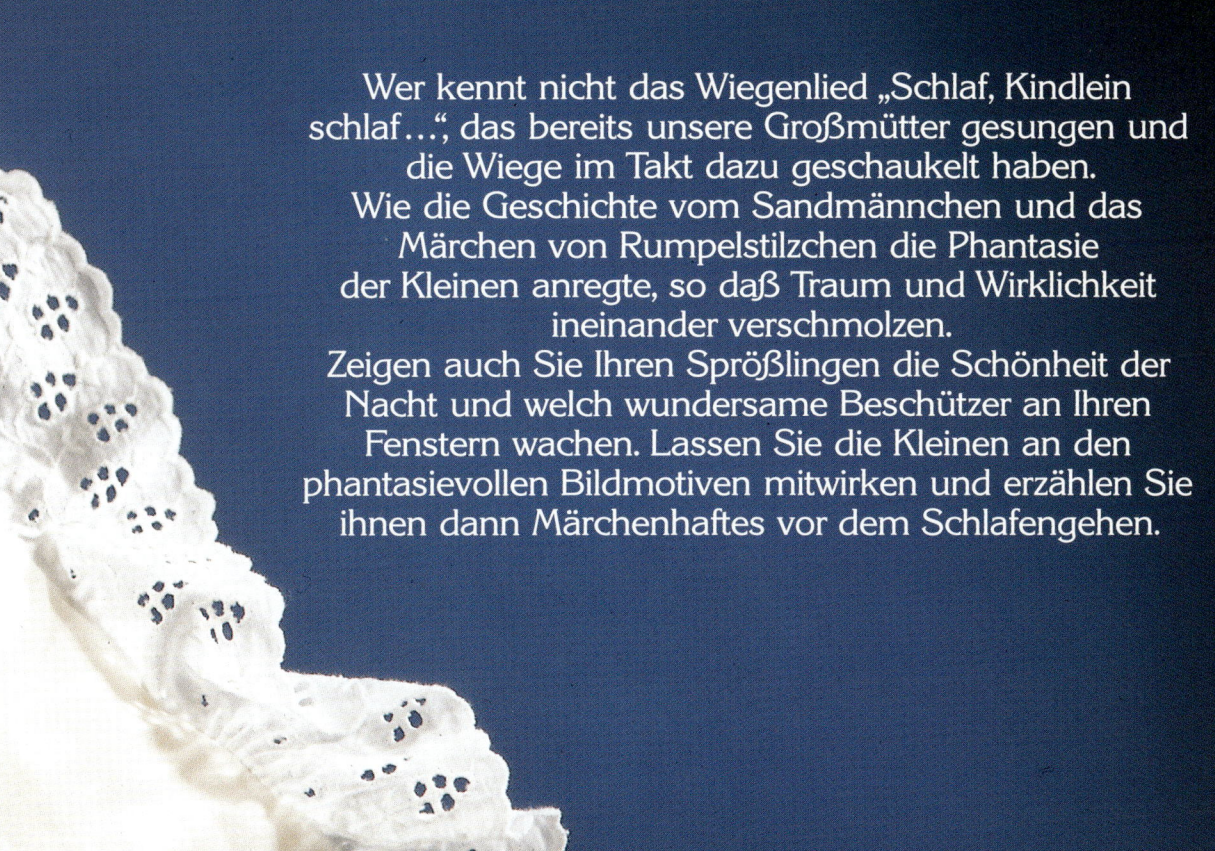

Wer kennt nicht das Wiegenlied „Schlaf, Kindlein schlaf...", das bereits unsere Großmütter gesungen und die Wiege im Takt dazu geschaukelt haben.
Wie die Geschichte vom Sandmännchen und das Märchen von Rumpelstilzchen die Phantasie der Kleinen anregte, so daß Traum und Wirklichkeit ineinander verschmolzen.
Zeigen auch Sie Ihren Sprößlingen die Schönheit der Nacht und welch wundersame Beschützer an Ihren Fenstern wachen. Lassen Sie die Kleinen an den phantasievollen Bildmotiven mitwirken und erzählen Sie ihnen dann Märchenhaftes vor dem Schlafengehen.

Märchenhaftes zur Nacht

Rumpelstilzchens Tanz

Tonkarton
ultramarin, gelb, hellbraun

Tonpapier
blaugrün, grau, rot, grün, schwarz

Den Baum, die Wolke, den Stern, das Feuer, das Grasbüschel und das 6teilige Rumpelstilzchen in Schablonen herstellen und wie folgt ausarbeiten. Den Baum auf hellbraunem Tonkarton übertragen und beim Ausschneiden die Maserung sorgfältig herausschneiden. Das Feuer 1mal, den Stern 2mal auf gelbem Tonkarton übertragen. Das Grasbüschel besteht aus grünem Tonpapier. Aus dem ultramarinfarbenem Tonkarton 2mal die Wolkenform ausschneiden. Für das Rumpelstilzchen brauchen Sie 2mal den roten Hut, 2mal die grauen Haare, 1mal den ganzen Körper, 2mal die Hand, 2mal die blaugrüne Jacke und 4mal den dazugehörenden Ärmel.
Das Feuer und das Grasbüschel an die Wurzeln des Baumes kleben. Die Wolken an dem vorgekrümmten Ast befestigen und zur richtigen Nachtstimmung die Sterne nicht vergessen.
Die Jackenteile beidseitig am Körper des Rumpelstilzchens ankleben. Danach die Haare um den Kopf legen und auch den Hut beidseitig aufsetzen. Je zwei Ärmelpaare zusammenkleben und jeweils an den kurzen, geraden Kanten eine Hand dazwischen schieben. Ein Arm nach vorne, den anderen nach hinten gerichtet im Armkugelbereich auf die Jacke kleben. Den Aufhängefaden am Genick festknoten und so am Ast befestigen, daß das Rumpelstilzchen sich frei drehen kann.

Die Vorlage zu „Rumpelstilzchens Tanz" finden Sie auf den Seiten 134/135.

Mein Tip. Dieses Motiv vergrößern, auf einen Karton kleben, und als Szenenbild beim Kasperletheater verwenden.

Märchenhaftes zur Nacht

Katze im Mondschein

Die Dachplatte und die Katze als Schablone herstellen. Den Mond direkt mit einem Zirkel und 9 cm Durchmesser auf den gelben Tonkarton aufzeichnen und mit dem Cutter ausschneiden. Die Katze mit weißem Farbstift 1mal auf den schwarzen Tonkarton und die Dachplatte 15mal auf den roten Tonkarton übertragen, danach alle Teile ausschneiden. Das Dach zweireihig beginnen, aufzubauen. Arbeiten Sie von links nach rechts. Zwei Platten im Abstand von 5 mm nebeneinanderlegen, jeweils auf die inneren Ecken einen Tropfen Klebstoff geben, dann eine weitere Dachplatte darüberlegen. So fortfahren, bis die untere Dachreihe sechs Platten aufweist. Nachdem alle Platten aneinanderhängen, wird mit dem Lineal die Dachschräge eingezeichnet und mit einer Schere abgeschnitten. Die Katze auf das fertige Dach setzen und den Mond dahinter ankleben.

Mein Tip: Die Katze um zirka das 3fache vergrößern und als Lesezeichen verwenden oder verschenken.

Tonkarton
rot, schwarz, gelb

Die Vorlage zu „Katze im Mondschein" finden Sie auf Seite 129.

Märchenhaftes zur Nacht

Eule im Flug

Tonkarton
gelb, kupfer

Tonpapier
braun, orange

Je eine Schablone für Mond, Stern und die 4teilige Eule herstellen. Dazu Transparentpapier über die Vorlagen legen und die betreffenden Konturen abpausen. Anschließend die Papierrückseite gut mit Klebstoff, besonders die Konturen, einstreichen und auf einen hellen Karton kleben. Beim Glattstreifen des Transparentpapiers ein zweites Papier darüberlegen, um unschöne Wischspuren zu vermeiden. So erhalten Sie immer eine saubere Vorlage. Nun den Mond 1mal und den Stern 4mal auf dem gelben Tonkarton aufzeichnen und ausschneiden. Die Sterne immer von den inneren Spitzen zu den äußeren Spitzen ausarbeiten. Den Körper der Eule 1mal aus kupferfarbenem Tonkarton, den Schnabel 1mal aus orangefarbenem Tonpapier und das Gesicht 1mal sowie den Flügel 1mal aus braunem Tonpapier ausschneiden. Hierzu die halbe Flügelschablone im Klappverfahren auflegen, d.h., nach dem ersten Aufzeichnen die Schablone entlang der Strich-Punkt-Strich-Linie kontern, um die Flügelform ein zweites Mal aufzeichnen zu können. Den Eulenkörper an der vorgesehenen Stelle (bitte Vorlage beachten) von Pfeil zu Pfeil einschneiden und einen Flügel bis zur Mittellinie durchziehen. Das Gesicht und die Nase nacheinander aufkleben. Die Augen aus gelben Tonkartonresten ausschneiden, ebenfalls aufkleben, dann erst die Pupillen mit schwarzem Filzstift aufmalen. Danach die Sterne und die Eule so an der Mondsichel befestigen, daß sich alle Teile frei bewegen können.

Die Vorlage zu „Eule im Flug" finden Sie auf Seite 135.

Mein Tip: Die Augen mit gelber Leuchtfarbe anmalen, so daß der typische Effekt „Eule bei Nacht" erreicht wird.

Märchenhaftes zur Nacht

Mann im Mond

Den Himmel, den Mond, den Stern und den 10teiligen Mann abpausen und die Schablonenteile herstellen. Den Himmel 1mal aus dem ultramarinfarbenen Tonkarton ausschneiden und die angegebenen Innenräume entfernen. Aus dem gelben Tonkarton 1mal die Mondsichel und 5mal den Stern ausschneiden. Mit diesen Teilen den Nachthimmel gestalten. Beim Mann das Holzbündel 1mal, den Riemen 2mal, beide Stiefel je 1mal, die Hand 2mal, den Gürtel 2mal und den Kopf mit Hut 1mal aus schwarzem Tonpapier ausschneiden. Die Hose 2mal aus weinrotem Tonpapier und die Jacke 2mal sowie den Ärmel 1mal im Klappverfahren in Ultramarin ausschneiden. Zuerst beide Hosenteile mit eingeschobenen Stiefeln aufeinanderkleben. Die Jacke von beiden Seiten anpassen und den Kopf in den aufgestellten Kragen schieben. Auf Schulterhöhe einschneiden und den Ärmel bis zur Mittellinie durchziehen. Die Riementeile von vorne und hinten auf die Schulter des Mannes legen, am Holzbündel festkleben, die Jackenärmel zusammenkleben und dabei die Hände einschieben. Jetzt erst den Riemen durch die Hände führend auf der Schulter festkleben. Zum Schluß noch den Gürtel anbringen. Den fertiggestellten Mann auf die Mondsichel kleben.

Tonkarton
ultramarin, gelb

Tonpapier
weinrot, schwarz

Die Vorlage zu „Mann im Mond" finden Sie auf Seite 138.

Märchenhaftes zur Nacht

Sandmännchen

Tonkarton
schwarz, gelb

Tonpapier
kupfer, grau, weinrot, braun, blau

Die schwarze Wolke 1mal, den Mond 1mal und den Stern 5mal ausschneiden und zusammen gestalten. Für das Sandmännchen benötigen Sie 1mal die Hutvorderseite, 1mal die Hutrückseite und beide Hände je 1mal aus dem kupferfarbenen Tonpapier. Außerdem werden gebraucht: 1mal das Gesicht und das hintere Haarteil aus grauem, 2mal die Jacke aus weinrotem, 2mal die Hose aus blauem, 1mal den Sack aus braunem Tonpapier und je 1mal die Schuhe aus schwarzem Tonkarton. Zuerst beide Hosenteile zusammenkleben und dabei die Schuhe einschieben. Danach die Jackenteile zusammensetzen, dabei die Hose 5 mm einschieben, den Sack an der richtigen Stelle anbringen, dann die Hände wiederum 5 mm einschieben. Den Hutrand, wie in der Vorlage angegeben, von Pfeil zu Pfeil einschneiden und den Kopf einschieben. Von hinten das Hutrückteil ankleben. Das Gesicht entweder mit Filzstiften aufmalen oder mit Tonpapierresten aufkleben. Zum Schluß die Knöpfe anbringen, das Sandmännchen mit einem Fuß in der Wolke einhängen und ankleben.

Die Vorlage zum „Sandmännchen" finden Sie auf Seite 137.

Märchenhaftes zur Nacht

Himmelbett

Transparentpapier über die Vorlage legen und das Himmelbett mit den beiden Herzformen als Schablone herstellen. Dabei die Konturen innen wie außen gut mit Klebstoff einstreichen. Lassen Sie eng aneinanderliegende Schnittkantenkonturen etwas länger trocknen, so daß sich beim Ausschneiden das Transparentpapier nicht hochschieben kann.

Der Grundstock des Motivs ist ein runder Rahmen. Zeichnen Sie diesen mit einem Außendurchmesser von 23 cm und einem Innendurchmesser von 19 cm mit einem Zirkel direkt auf den rosafarbenen Tonkarton auf. Die kleinere Herzschablone 2mal in der Kreismitte aufzeichnen und alle Teile ausschneiden. Das Himmelbett sowie die größere Herzform auf dem lilafarbenen Tonkarton aufzeichnen und mit den eingezeichneten Falten und den vorgesehenen herzförmigen Freiräumen ausschneiden. Die rosafarbenen Herzen in diesen Freiräumen anbringen, so daß sie sich frei drehen können. Das lilafarbene Herz, ebenfalls frei hängend, an der Himmelbettstange anbringen. Das Himmelbett auf dem Rahmen ausrichten und ankleben. Wer das Motiv nach der Bezeichnung gehend arbeiten möchte, schneidet anstelle des runden Rahmens eine größere Wolke mit lilafarbenen Sternen aus.

Mein Tip: Bei der Geburt von Zwillingen deren Namen in die rosafarbenen Herzen eintragen und den stolzen Eltern schenken.

Tonkarton
rosa, lila

Die Vorlage zum „Himmelbett" finden Sie auf Seite 139.

Märchenhaftes zur Nacht

Tonkarton
blau, hellgrau, gelb, hellbraun

Märchenhaftes zur Nacht

Wolkenschäfchen

Die Schablonen von allen drei Schäfchen, dem Stern, dem Mond und der Wolke herstellen. Die großen Schäfchen bestehen aus acht Teilen. Das kleine Schäfchen besteht nur aus einer einzigen Schablone und wird aus dem grauen Tonkarton 2mal ausgeschnitten. Aus dem gleichen Karton je 1mal die Körperform, 2mal die Kopfform und je 1mal die Beine anfertigen. Letztere werden im Klappverfahren aufgezeichnet, d.h., das Bein auf den betreffenden Karton auflegen, die Strich-Punkt-Strich-Linie angeben und entlang dieser Linie die Beinschablone umklappen und ein zweites Mal aufzeichnen. So entsteht ein Beinpaar. Das Gesicht je 1mal, die Füße je 2mal und die Ohren je 1mal im Klappverfahren aus dem hellbraunen Tonkarton anfertigen. Den Mond benötigen Sie 1mal und die Sternenform 5mal aus dem gelben Tonkarton; die Wolkenform 3mal aus dem blauen Tonkarton. Wenn alle Teile zugeschnitten sind, beginnt die Gestaltung des Fensterbildes. Zuerst wird der Grundstock erstellt. Die Wolken hinter dem Mond befestigen und die Lämmchen beidseitig auf die unterste Wolke kleben. Bei der Schäfchenmontage zuerst die Kopfform mit eingeschobenem Gesicht auf die Körperform kleben. Danach die Einschnitte für die Ohren und für die Beine am Körper, wie in der Vorlage gekennzeichnet, von Pfeil zu Pfeil anbringen, dann die betreffenden Teile bis zur Mittellinie durchziehen. Die Füße auf die Innenseite der Beine und auf die betreffende Wolke kleben. Bei dem stehenden Schäfchen einen Stern zwischen den Vorderfüßen anbringen, drei weitere Sterne, wie im Bild sichtbar, verteilen. Den Aufhängefaden am Mond anknoten und über den oberen Stern führen. Das Fensterbild aufhängen, den oberen Stern mit Klebstoff versehen und den letzten Stern dagegenkleben, so daß der Faden von beiden Seiten fixiert ist. Zum Schluß die Gesichtszüge der Schäfchen aufmalen.

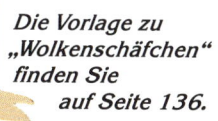

Die Vorlage zu „Wolkenschäfchen" finden Sie auf Seite 136.

Bunte Spielwelt

Die „kleine Welt" ist riesengroß. Da winkt der Kasperle
im Theater, Luftballons steigen als Briefpost zum Himmel
empor, und die Schultafel kündet den ABC-Schützen
an. Halten Sie Ihren Sprößlingen die schönsten
Erlebnisse fest.

Bunte Spielwelt

Kleine Negerlein

Tonkarton
schwarz, weiß, sand

Tonpapier
mokka, orange, gelborange, grün, blau

Die Schablonen anhand der Vorlage herstellen. Hierzu das stehende Negerlein und das sitzende Negerlein, die Außenkontur beider Rockformen, den Fußschmuck, das Dach, die Hausmauer und den Sandboden abpausen.

Zuerst den Grundstock – das Haus – anfertigen. Den Sandboden 3mal aus sandfarbenem Tonkarton, die Hausmauer 3mal aus weißem Tonkarton und das Dach ebenfalls 3mal aus mokkafarbenem Tonpapier anfertigen. Alle eben aufgeführten Teile werden zuerst im Klappverfahren aufgezeichnet, dann ausgeschnitten. Dazu die jeweilige Schablonenform aufzeichnen, entlang der Strich-Punkt-Strich-Linie umklappen, und die Form ein zweites Mal dagegenzeichnen.

Jede Negerfigur besteht aus dem Körper – 1mal aus scharzem Tonkarton geschnitten, dem Kopf-, Hals-, Arm- und Fußschmuck sowie dem Rock – je 2mal aus der betreffenden Tonpapierfabe geschnitten. Bei den einzelnen Schmuckteilen die Originalfigur auflegen und die Außenkontur nachzeichnen.

Nun zum Aufbau des Standbildes. Den Sandboden entlang der Klapplinie vorsichtig anritzen, knikken und sternförmig gegeneinanderkleben. Das gleiche geschieht mit den Hausmauerteilen, die auf den Sandboden gesetzt werden. Das Dach vor dem Zusammenkleben an den vorgegebenen Stellen einschneiden und ein Tonpapierbüschel an der Dachspitze einschieben. Die Schmuckteile auf Vorder- und Rückseite der Negerlein anbringen. Achten Sie beim Einschneiden des Bastrockes auf die Schnittvorgabe in der Vorlage, denn bei extrem engen Rundungen erfolgen die Einschnitte in unterschiedlicher Länge, und zwar: lang-kurz-lang-kurz... Die Negerlein sind fertig, wenn die Augen mit einem Pinsel und Deckweiß aufgemalt sind.

Mein Tip. Beliebig kleine Kärtchen, 2 cm x 2 cm groß, aus schwarzem Tonkarton ausschneiden, ausmitteln, anritzen, dann knicken und als Standhilfe an die Füße der Figuren kleben. So kann ein richtiges Dorf zum Spielen angefertigt werden.

Bunte Spielwelt

Die Vorlage zu „Kleine Negerlein" finden Sie auf Seite 141.

Bunte Spielwelt

Kasperletheater

Tonkarton
meergrün

Tonpapier
orange, ultramarin, rot, weiß, schwarz, gelb, grasgrün

Den 10teiligen Kasperle, den 2teiligen Hund, das Kasperlehaus, den 2teiligen Vorhang und die Krone als Schablonen herstellen. Das Haus 1mal aus meergrünem Tonkarton ausschneiden und den aus grasgrünem Tonpapier 1mal hergestellten Vorhang mit dem 2fachen meergrünen Halteband auf der Rückseite des Theaterrahmens ankleben. Die Krone 3mal aus dem gelben Tonpapier schneiden, ausmitteln, anritzen, knicken und sternförmig gegeneinanderkleben; dabei einen Aufhängefaden in der Mitte mitführen. Den Hund 1mal aus weißem Tonkarton anfertigen und das im Klappverfahren auf schwarzem Tonpapier aufgezeichnete Ohrteil an der betreffenden Schnittstelle durchziehen. Den Kasperlekörper 2mal aus rotem, das Gesicht 1mal, Hände und Füße ebenfalls je 1mal aus orangefarbenem Tonpapier ausschneiden. Die Zipfelmütze, Vorder- und Rückenteil, ist aus ultramarinfarbenem Tonpapier angefertigt. Den Kragen 2mal und die Haare 1mal aus weißem Tonpapier ausschneiden. Die Körperteile mit eingeschobenen Händen und Füßen zusammenkleben und die Kragenteile auf Vorder- und Rückseite aufkleben. Anschließend den Kopf von der Vorderseite her anbringen. Die Haare aufkleben und die 2teilige Zipfelmütze anpassen.
Alle Kleinteile aufkleben und die Gesichtszüge von Kasperle und Hund aufmalen.

Die Vorlage zu „Kasperletheater" finden Sie auf Seite 142.

Bunte Spielwelt

ABC und Posthorn

Alle Schablonenteile beider Motive herstellen.
Die ABC-Tafel 1mal auf schwarzem, den Wischlappen 1mal auf grauem und den Schwamm 1mal auf orangefarbenem Tonkarton aufzeichnen, dann ausschneiden. Die Form der Zahlen und Buchstaben benötigen Sie je 1mal aus der betreffenden Tonpapierfarbe. Alle Teile beliebig verteilen und an der Tafel befestigen. Die Wischkombination versetzt an einer Ecke anknoten. Beachten Sie hierzu die Lochangabe in der Vorlage.

Die Kerben bei der Posthornschablone etwas breiter einschneiden, so daß die Konturen beim Aufzeichnen den richtigen Abstand erhalten. Den Postrahmen 1mal aus gelbem Tonkarton ausschneiden. Die Doppelnote ebenfalls 1mal, und die Einzelnote 3mal aus dem schwarzen Tonkarton anfertigen. Alle Notenteile beliebig im und am Rahmen befestigen.

Mein Tip: Den Namen des ABC-Schützen auf die Tafel setzen und an der Schultüte befestigen.

Tonkarton
schwarz, grau, orange

Tonpapier ABC
ultramarin, gelb, pink, lila, weiß

Tonkarton Horn
gelb, schwarz

Die Vorlage zu „ABC" finden Sie auf den Seiten 144/145 und die Vorlage zu „Posthorn" auf Seite 140.

Bunte Spielwelt

Segelflieger

Tonkarton
dunkelgrau, hellgrau, gelb, rot, blau

Sie benötigen Schablonen von der Sonne, den vier Wolken A, B, C, D und dem 4teiligen Segelflieger. Die Sonne 1mal aus gelbem Tonkarton, die Wolke B 2mal, die Wolke D 1mal aus dunkelgrauem Tonkarton, die Wolken A und C aus hellgrauem Tonkarton ausschneiden. Ein Flieger wird wie folgt gearbeitet. Den gesamten Rumpf 1mal, das Cockpit 2mal, die große Tragfläche 1mal und die kleine Tragfläche 1mal aus Farbkarton in einer beliebigen Farbe ausschneiden. Die beiden Tragflächen zuerst im Klappverfahren aufzeichnen, d.h., entlang der Strich-Punkt-Strich-Linie die Schablone umklappen, und die Form noch einmal gegengleich aufzeichnen. Nur aufzeichnen und ausschneiden – nicht knikken! Der Grundstock des Motivs ist das Wolkenarrangement. Die drei Wolken A, B und D vor die Sonne kleben, danach die Segelflieger aufbauen. Je zwei gleichfarbige Cockpitteile auf Vorder- und Rückseite eines Rumpfteiles befestigen. Entlang der angegebenen Strichellinie, wie in der Vorlage abgebildet, von Pfeil zu Pfeil einschneiden und eine lange sowie eine kurze Tragfläche bis zu deren Mittellinie durchziehen. Wird dieser Arbeitsgang zu schwierig, vorher noch einen zweiten Einschnitt anbringen, der einen knappen Millimeter parallel zum ersten liegt, und das Zwischenstück herausnehmen. Die Flieger und die restlichen Wolken am Grundstock des Motivs befestigen. Wer will, kann das Motiv auf sechs Flieger und vier freihängende Wolken erweitern.

Die Vorlage zu „Segelflieger" finden Sie auf Seite 145.

Mein Tip: Mehrere Segelflieger am Geburtstagsstrauß Ihres Sprößlings anbringen oder aber die Fliegervorlage vergrößern und als Dekoration in einer Ecke des Kinder- oder Jugendzimmers unterbringen.

Bunte Spielwelt

Luftballonpost

Zuerst die Schablonen für die Luftballonformen A, B, C und die Schleifenform herstellen. Den Briefrahmen 2mal direkt auf den hellgrauen Tonkarton aufzeichnen. Der Name ist entscheidend dafür, wie groß der Rahmen ausfällt. Daher zuerst die Buchstaben auf orangefarbenem Tonkarton aufzeichnen, ausschneiden, in der richtigen Reihenfolge, allerdings etwas versetzt zueinander, auf den Tisch legen, und den Rahmen drumherum zeichnen. Die Rahmenstärke bei kurzen Namen beträgt 1 cm, bei längeren Namen 1,5 cm. Die Schleife 2mal aus dem türkisfarbenen Tonkarton ausschneiden und gegeneinanderkleben, wobei eine Ecke des Rahmens eingeschoben wird. Anschließend die Buchstaben am oberen Rahmenrand befestigen. Die Luftballonformen A, B und C ein- oder mehrmals in beliebiger Farbe ausschneiden, aneinanderkleben, mit verschiedenem Knopflochgarn versehen und den Briefrahmen am unteren Ballon befestigen.

Tonkarton
orange, hellgrün, türkis, lila, pink, gelb, hellgrau

Mein Tip: Das Motiv an die Kinderzimmertür hängen, so daß jeder Besucher sofort weiß, wessen Zimmer das ist.

Die Vorlage zu „Luftballonpost" finden Sie auf Seite 140.

Bunte Spielwelt

Regenbogenmaler

Tonkarton
blau, gelb, orange,
hellgrün, schwarz

Transparentpapier über die Vorlage legen und den Regenbogen, die Pinsel, den Farbtopf, den Tropfen, die Wolke und den 2teiligen Spatz abpausen. Am besten, Sie markieren die Regenbogenteile und die Pinsel so, daß Sie sie später beim Aufbau des Motivs nicht durcheinanderbringen können. Nachdem die Schablonen hergestellt sind, die Regenbogenteile je 1mal in Orange, in Gelb und in Hellgrün ausschneiden. Ebenfalls 1mal den Farbtopf und den Tropfen 3mal in der entsprechenden Farbe anfertigen. Die Wolke 3mal aus dem blauen Tonkarton ausschneiden und die Sonne 1mal, mit einem Durchmesser von 7 cm mit einem Zirkel direkt auf den gelben Tonkarton zeichnen. Diese Teile sind der Grundstock des Motivs und werden von links nach rechts aufgebaut. Zuerst die Sonne hinter eine der Wolken kleben. Anschließend die Regenbogenteile ausrichten, dann aufkleben. In einem geringen Abstand zum Regenbogenanfang drei Tropfen, jeweils identisch mit der Regenbogenfarbe, auf der Wolke befestigen und die dazugehörenden Farbtöpfe anhängen. Die zwei anderen Wolken als Stütze hinter dem Regenbogen anbringen, so daß ein Teil der Wolken noch zu sehen ist. Jede Pinselform 2mal aus dem schwarzen Tonkarton ausschneiden und paarweise, dabei das dazugehörende Regenbogenende in die Form der Pinselhaare einschiebend, zusammenkleben. Den Spatzenkörper und das Flügelteil je 1mal aus der entsprechenden Tonkartonfarbe ausschneiden. Den Körper, wie in der Vorlage angegeben, von Pfeil zu Pfeil einschneiden, und den Flügel bis zur Mittellinie durchziehen. Die Spatzen mit dem Fuß auf dem betreffenden Pinselstiel kleben und mit einer Flügelseite einhängen. Die restlichen Tropfen, paarweise aneinanderhängend, auf dem Regenbogen verteilen.

Die Vorlage zu „Regenbogenmaler" finden Sie auf den Seiten 144/145.

Bunte Spielwelt

Drachenflieger

Die Wolkenform, die Drachenform, das Band und die Schleife, mit Hilfe von Transparentpapier und hellem Karton als Schablonen herstellen. Die Wolke 1mal aus dem weißen und die Drachenform 1mal aus dem schwarzen Tonkarton ausschneiden. Um das versetzte Drachenmuster zu erhalten, die Drachenform 1mal aus dem gelborangefarbenen und 1mal aus dem schwarzen Tonpapier ausschneiden, dann beide Teile der Länge nach halbieren und das obere Drittel abtrennen. Diese Teile nun farblich versetzt zueinander auf den Drachenkarton beidseitig aufkleben, die aus dem gelborangefarbenen Tonpapier ausgeschnittenen Bänder, mit schwarzem Filzstift verziert, in die Ecken einschieben. Am Drachenende Knopflochgarn befestigen und sechs paarweise geschnittene Schleifen daran festkleben. Die Vogelkörper 2mal aus weißem, die Schopf-, die Schwanz- und die Flügelformen je 1mal aus schwarzem Tonkarton, die Schnäbel je 1mal aus gelborangefarbenem Tonpapier ausschneiden. Die Körper zusammenkleben, wobei die Kleinteile paßgerecht eingeschoben werden. Die Einschnitte für die Flügel anbringen, letztere bis zur Mittellinie durchziehen und ausrichten.

Den Drachen und die Vögel an der Wolke befestigen.

Tonkarton
weiß, schwarz

Tonpapier
gelborange, schwarz

Die Vorlage zu „Drachenflieger" finden Sie auf den Seiten 142/143.

Bunte Spielwelt

Seifenblasen

Tonkarton
pastellgelb, pastellgrün, türkis, weiß, hellgrau, rosa

Die Konturen des 8teiligen Mädchens, der beiden zerplatzten Seifenblasen A, B und der Seifenblase selbst auf Transparentpapier abnehmen. Die Seifenblasengröße gilt für den pastellgrünen Tonkarton und dient gleichzeitig als Vorlage für die anderen Größen, die Sie mit dem Zirkel auf den betreffenden Tonkarton direkt übertragen. Die türkisfarbene Seifenblase hat einen Außendurchmesser von 18,5 cm und einen Innendurchmesser von 15,2 cm; die pastellgelbe Seifenblase hat die Maße 11 cm und 8,5 cm; die graue Seifenblase die Maße 6,5 cm und 5,2 cm; die letzte, die rosafarbene Seifenblase, ist die kleinste und hat die Maße 4,5 cm und 3 cm. Bei allen Seifenblasen, wie die Vorlage zeigt, den optischen Licht- bzw. Rundungseffekt einzeichnen, danach ausschneiden. Die zerplatzte Seifenblase A 1mal und B 3mal aus dem hellgrauen Tonkarton ausschneiden. Versetzt zueinander und nach oben hin kleiner werdend alle Teile aneinanderreihen. Nun zum Mädchen: die Haare 2mal in Hellgrau, die Schleife 2mal sowie das Kleid 2mal in Pastellgrün, die Hand 2mal, die Beine 1mal, das Gesicht 1mal in Pastellgelb und den Kragen 2mal in Weiß ausschneiden. Bei den Ärmeln haben Sie zwei Möglichkeiten. Der Ärmel mit einer Armkugelrundung wird 4mal aus dem pastellgrünen Karton ausgeschnitten, der Ärmel ohne Rundung, statt dessen mit Bruchlinie, wird 2mal im Klappverfahren ausgeschnitten. Die Kleiderteile mit eingeschobenem Bein- und Kopfteil zusammenkleben. Die Haarteile, die Schleifenteile und die Kragenteile beidseitig anpassen. Die Ärmel mit eingeschobenen Händen entweder beidseitig mit der Armkugel aufkleben oder nach dem Einschnitt in Schulterhöhe, wie in der Vorlage angegeben, bis zur Mittellinie durchziehen.

Zum Schluß die Augen mit einem Bleistift einzeichnen, die Wangen aus rosafarbenem Tonkarton aufkleben und das Mädchen in der größten Seifenblase anbringen.

Die Vorlage zu „Seifenblasen" finden Sie auf Seite 146.

Bunte Spielwelt

Rieseneistüte

Die 4teilige Eistüte, den 2teiligen Schirm, das Seil und den 8teiligen Eisverkäufer in Schablonen herstellen. Die schwarze Fläche beim Seilknoten, wie die Vorlage zeigt, herausschneiden. Die Eistüte 1mal aus hellbraunem Tonkarton und gleichzeitig für die Maserung der Tüte kleine Kerben, die versetzt zueinanderliegen, herausschneiden. Die zwei äußeren Eiskugeln je 2mal in Pastellgrün sowie in Pastellgelb anfertigen und die runde Eiskugel 1mal in Rosa. Der Ständer des Schirms besteht 1mal aus weißem, der Bezug 2mal aus türkisfarbenem Tonkarton. Das Seil schneiden Sie 1mal in Hellbraun aus. Für den Eisverkäufer brauchen Sie: 2mal die Haare und 4mal die Hosenbeine in Schwarz, 2mal die Jacke, 4mal die Ärmel und 2mal die Kappe in Weiß, 2mal die Hände, 2mal die Füße und 1mal den Körper inklusive Kopf in Pastellgelb. Mit dem Grundstock den Motivaufbau beginnen. Beide äußeren Eiskugelteile gegeneinander auf die Eistüte kleben, dabei die obere Eiskugel und den bereits vorbereiteten Schirm einschieben. Das Seil an der pastellgelben Eiskugel anbringen, danach den Eisverkäufer anfertigen. Je ein Hosenbeinpaar mit eingeschobenen Fußteilen gegeneinanderkleben und etwas versetzt, mit eingeschobenem Körperteil, am Gesäß miteinander verbinden. Die Jackenteile, die Haarteile und die Kappenteile in gegebener Reihenfolge der Figur beidseitig anpassen. Je ein Ärmelpaar mit eingeschobenem Handteil auf die Jacke setzen. Zum Schluß die Gesichtszüge aufzeichnen und den „kleinen Mann" am Seil befestigen.

Tonkarton
hellbraun, pastellgrün, rosa, pastellgelb, türkis, weiß

Tonpapier
schwarz

Mein Tip: Die Eistüte um etwa das Vierfache vergrößern und als Wanddekoration aufhängen. Die Farbzusammenstellung richtet sich dann natürlich nach den Farben des Zimmers.

Die Vorlage zu „Rieseneistüte" finden Sie auf Seite 143.

Frühlinghaftes zu Ostern

„Wenn der Frühling zieht herein,
ist's die schönste Zeit für groß und klein.
Nur zu, wer will und kann,
der fängt gleich zu basteln an.
Die ersten Frühlingsboten – sie sind bereits zu sehn;
auch sieht man Meister Lampe zum Eierfärben gehn.
Und während Frau Henne die Eier legt,
die Sonne das Küken zum Schlüpfen anregt.
Gar lustig ist diese farbfrohe Zeit,
die Frühlinghaftes zu Ostern zeigt."

Freuen auch Sie sich auf die schönste Zeit des Jahres?
Dann sollten Sie all die schönen Stimmungen des
Frühjahres in Form und Farbe einfangen.

Frühlinghaftes zu Ostern

Osternest und Korb

Tonkarton Nest
grün

Tonpapier Nest
blau, gelb, rot, lila

Tonkarton Korb
braun, gelb

Tonpapier Korb
grasgrün, orange, pastellgrün, pink, lila, rot, dunkelgrün, ultramarin, hellblau, weiß

Die Schablonen für das betreffende Motiv mit Hilfe von Transparentpapier und hellem Karton anfertigen. Das Osternest wie auch der Osterkorb sind in der Vorlage nur zur Hälfte abgebildet. Stellen Sie auch die Schablonen dementsprechend, d.h. nur zur Hälfte her.
Beim Aufzeichnen des Osternestes auf grünem Tonkarton wird nach dem Umranden der Konturen auch die Bruchlinie (Strich-Punkt-Strich) leicht angedeutet. Entlang dieser Linie wird die Schablone umgeklappt, Stoß auf Stoß an die angedeutete Bruchlinie gelegt und die zweite Hälfte des Nestes aufgezeichnet. Das Osternest ist jetzt in seiner ganzen Größe auf dem Tonpapier sichtbar und kann ausgeschnitten werden. Die Eischablone A 3mal auf rotem, 2mal auf lilafarbenem, 1mal auf gelbem und 2mal auf blauem Tonpapier aufzeichnen. Die Schmetterlingsform 1mal in Gelb und 1mal in Blau herstellen und alle Teile am Nest befestigen.
Den Osterkorb, wie beim Osternest beschrieben, aus dem braunen Tonkarton arbeiten. Das Stroh 1mal aus dem gelben Tonkarton schneiden und so auf dem Korb fixieren, daß einige der unteren Strohkanten zur Vorderseite und einige zur Rückseite liegen. Die Eiform B je 1mal in Rot, Hellblau, Lila, Pastellgrün sowie in Orange aus Tonpapier schneiden und auf der Strohfläche ankleben. Die Blätter der Veilchen 2mal aus dunkelgrünem, die Blüte 2mal aus ultramarinfarbenem und den Blütenkern 2mal aus hellblauem sowie auch aus weißem Tonpapier anfertigen und am Korb anbringen. Für die Schleife 1mal einen 36 cm langen, 1 cm breiten und einen 20 cm langen, 1 cm breiten Streifen schneiden. Die 36 cm zu einer Schleife legen, die 20 cm als Knotenvorgabe um die Schleifenmitte herumkleben.

Die Vorlage zu „Osternest und Korb" finden Sie auf den Seiten 148/149.

Mein Tip: Der Korb kann auch mit echtem Stroh verziert werden. Das Osternest als Tischdekoration aufgelegt, erfreut bereits beim Frühstück durch seine Farbenvielfalt.

Frühlinghaftes zu Ostern

Osterbild mit Küken

Tonkarton
oliv, grün, gelb

Tonpapier
lila, pink, blau

Zuerst die Schablonen herstellen: Rahmen, Ei, Schlüsselblume und Blüte, Schleife, 2teiliges Küken und das 2teilige Schlüpfei. Der Grundstock des Motivs ist der Rahmen, der 1mal aus olivfarbenem Tonkarton ausgeschnitten wird. Die Schlüsselblume 1mal aus grünem und die Blüte 3mal aus gelbem Tonkarton anfertigen. Die Schleife 1mal, das Ei 2mal aus lilafarbenem Tonpapier schneiden, wobei letzteres noch 1mal aus blauem und 1mal aus pinkfarbenem Tonpapier hergestellt wird. Das Küken wiederum 1mal und den Flügel 2mal aus dem gelben Tonkarton sowie das Schlüpfei 2mal aus lilafarbenem Tonkarton ausschneiden. Beginnen Sie mit dem Aufbau der Schlüsselblume in der linken Rahmenecke. Mit einer Lochzange den Blütenkern ausstanzen oder mit einem Filzstift einzeichnen. Die Blüten auf den Stengel und die Kelche setzen. Die Eier auf der Grasfläche verteilen und die Schlüpfeiformen paarweise mit eingeschobenem Küken zusammenkleben. Danach die Flügel beidseitig am Körper ankleben. Den Schnabel mit einem orangefarbenen Filzstift ausmalen und die Augen anzeichnen. Das fertiggestellte Schlüpfküken am oberen Rahmenrand befestigen, das Motiv ausbalancieren, den Aufhängefaden befestigen, dann erst die Schleife aufkleben.

Mein Tip: Schlüpfendes Kükenmotiv in 4–5facher Ausführung zum Osterstraußschmuck umfunktionieren.

Die Vorlage zu „Osterbild mit Küken" finden Sie auf Seite 147.

Frühlinghaftes zu Ostern

Frühlingserwachen

Folgende Schablonenteile nacheinander herstellen: Wiese, Baum, Birkenblüte, Birkenblatt und das 2teilige Küken. Die Wiese 1mal aus kupferfarbenem Tonkarton ausschneiden. Aus dem braunen Tonkarton 1mal den Baum und aus dem gelben Karton 7mal die Blüte, 1mal den Kükenkörper und 2mal den Flügel schneiden. Die Morgensonne zeichnen Sie direkt mit einem Durchmesser von 13 cm auf den orangefarbenen Tonkarton auf. Die Blätter 18mal und die seitlichen Grasbüschel der Wiese je 1mal aus grasgrünem Tonpapier ausschneiden. Letztere etwas versetzt vor die Wiese und den Baum hinter der Wiese festkleben. Blätter und Blüten verstreut an den Ästen befestigen und die Sonne, das Motiv ausbalancierend, dahinter anbringen. Dem Küken die Flügel beidseitig, aber versetzt, ankleben, den Schnabel und die Beine in Orange ausmalen. Das Auge mit schwarzem Filzstift anzeichnen und das Küken auf die Wiese setzen.

Sie haben natürlich auch die Möglichkeit, das Motiv umzugestalten, d.h., die Anordnung der einzelnen Teile kann durchaus verändert werden. Die Sonne bleibt allerdings immer der Aufhängepunkt des Fensterbildes. Um letzteren zu finden, nehmen Sie die Sonne zwischen Daumen und Zeigefinger und balancieren das Bild aus. Kennzeichnen oder merken Sie sich den Stand des Daumens und suchen Sie nun mit Hilfe einer Stecknadel an der Motivrückseite millimetergenau den Balancepunkt.

Tonkarton
kupfer, braun, gelb, orange

Tonpapier
grasgrün

Die Vorlage zu „Frühlingserwachen" finden Sie auf Seite 146.

63

Frühlinghaftes zu Ostern

„Meister Lampe"

Tonkarton
graumeliert, braun, hellgrau, grasgrün

Tonpapier
türkis, weiß, hellbraun, rot

Der Hase besteht aus elf Schablonenteilen: rechtes und linkes Innenohr, Hemd, Arm, rechter und linker Fuß sowie zwei unterschiedlichen Schwanzteilen. Für den Pinsel benötigen Sie einmal die gesamte Form, die Pinselhaare und das Zwischenstück von Haaren und Stiel. Wie in der Vorlage aufgezeichnet, nur den halben Eirahmen als Schablone herstellen. Letzteren auf den graumelierten Tonkarton auflegen, aufzeichnen, entlang der Bruchlinie (Strich-Punkt-Strich-Linie) umklappen und ein zweites Mal, also gegengleich, an die erste Rahmenhälfte dranzeichnen und ausschneiden. Den Körper 1mal, den Arm 2mal, die Füße je 1mal und das längere Schwanzteil ebenfalls 1mal aus dem braunen Tonkarton anfertigen. Die Innenohren je 1mal aus hellbraunem Tonpapier arbeiten. Das Hemd 2mal aus türkisfarbenem Tonpapier und die Hosenbeine je 2mal aus grasgrünem Tonkarton ausschneiden. In Weiß fertigen Sie 2mal das kürzere Schwanzteil, in Rot 1mal den Farbklecks und 2mal die Pinselhaare und in Schwarz 2mal das Zwischenstück an. Die Innenohren ankleben und die Hemdteile beidseitig anpassen. Je ein Hosenpaar mit eingeschobenem Fußteil zusammenkleben, danach die richtige Fußstellung festlegen, das vorbereitete Schwanzteil am Gesäß anbringen, den Körper am Hosenbund einschieben und festkleben. Die Arme in Gehstellung bringen und mit der Armkugel am Hemd ankleben. Die Gesichtszüge einzeichnen und das Auge auf weißem Tonpapier aufmalen, ausschneiden, dann aufkleben. Dem Pinsel beidseitig die roten Haarteile ansetzen und mit dem Zwischenstück fertigstellen. Den Hasen in den Eirahmen setzen und zum Schluß den Pinsel am rechten Arm anbringen.

Die Vorlage zu „Meister Lampe" finden Sie auf den Seiten 152/153.

Mein Tip: Ein Tischschild anfertigen, die Hasenfigur ankleben und als lustige Tischdekoration zur Kaffeetafel aufstellen.

Frühlinghaftes zu Ostern

„Frau Henne"

Die Wiese und die Sonne je 1mal aus der entsprechenden Tonkartonfarbe ausschneiden. Für die Henne benötigen Sie aus Tonkarton: 2mal den Körper und 2mal den Ast in Braun, 2mal den Flügel, 2mal den Kopf sowie 1mal den Schwanz in Oliv. Aus Tonpapier fertigen Sie an: den Schnabel 1mal und den Fuß 2mal in Orange, den Kamm und den Kehllappen je 1mal in Rot, die Blüten des Astes 8mal zur Hälfte aus weißem Tonpapier und die andere Hälfte 16mal aus braunem Tonkarton. Den Korb in Hellbraun und die Streifen in Dunkelgrün ausschneiden. Letztere, wie in der Vorlage aufgezeichnet, einziehen und die Überlänge seitlich abschneiden. Das grasgrüne Korbgras 1mal ausschneiden, am Korb befestigen und die 5 verschiedenfarbigen Eier dazugestalten. Beide Körperteile der Henne mit den beiden eingeschobenen Fußteilen und dem Schwanzteil zusammenkleben. Den Kopf beidseitig, mit eingeschobenem Kamm, Kehllappen und Schnabel, dem Körper anpassen. Die Flügel aufkleben und das Auge anzeichnen. Beide Astteile mit den aufgeklebten Blüten am linken Flügelteil befestigen. Die Fertigstellung des Bildes ist erfolgt, wenn der Korb und die Henne vor der Wiesenfläche sowie die Sonne mit den Strahlenspitzen dahinter angeklebt sind.

Tonkarton
gelb, braun, oliv

Tonpapier
orange, hellbraun, grasgrün, blau, rot, dunkelgrün, weiß

Die Vorlage zu „Frau Henne" finden Sie auf den Seiten 152/153.

Frühlinghaftes zu Ostern

Ostergruß

Tonkarton
grün, rot, gelb, pink, lila, rosa, türkis, blau, orange, weiß

Tonpapier
grasgrün

Sie benötigen nur 4 Schablonenteile: halber Blattrahmen, Schmetterling, Blüte und Blütenkern. Den halben Blütenrahmen auf den grünen Tonkarton 2mal im Klappverfahren aufzeichnen, so daß Sie zwei Blattrahmenteile in ovaler Form haben. Die Blütenschablone und den Blütenkern aus verschiedenen Tonkartonfarben ausschneiden, so daß Sie 18 Blüten erhalten. Den Schmetterling aus dem gelben Tonkarton anfertigen. Die Gräser, 1–2 mm schmal, in drei Längen, und zwar 35 cm, 20 cm und 15 cm, aus dem grasgrünen Tonpapier schneiden. Ein Blattrahmenoval auflegen, mit Klebstoff stufenweise einstreichen und die Gräser so aufkleben, daß die langen Halme an der Seite und die restlichen Halme oberhalb und unterhalb des Rahmens liegen. Ist die gesamte Blattfläche mit Gräsern besetzt, das zweite Rahmenoval darüber kleben. Anschließend die Blüten mit dem Blütenkern versehen und in Form eines Ovals aneinanderreihen. Letzteres über den Blattrahmen legen, mit einem Knopflochfaden zusammenhängen und die Gräser zwischen die Blüten dekorieren.

Die Vorlage zu „Ostergruß" finden Sie auf Seite 149.

Frühlinghaftes zu Ostern

Frühlingsboten

Den Schmetterling mit Hilfe von Transparentpapier abpausen, auf einen hellen Karton kleben und ausschneiden. Achten Sie beim Aufkleben besonders darauf, daß die Konturen ganz mit Klebstoff eingestrichen werden, da sich sonst während des Schneidens das Transparentpapier löst. Die Form 1mal auf lilafarbenem, 1mal auf gelbem und 1mal auf pinkfarbenem Tonkarton aufzeichnen, dann ausschneiden. Zuerst die Außenkontur, dann die innere Körperkontur und erst zum Schluß die innere Flügelkontur ausschneiden. Verwenden Sie für diese Schmetterlingsmotive unbedingt den Cutter, da Sie mit einer Schere die engen Rundungen nicht sauber ausschneiden können. Sollten noch Bleistiftkonturen sichtbar sein, diese vorsichtig mit einem weichen Radiergummi entfernen. Die drei Frühlingsboten, versetzt im Blumenfenster angebracht, ergeben eine schöne Fensterkomposition.

Tonkarton
lila, pink, gelb

Die Vorlage zu „Frühlingsboten" finden Sie auf Seite 151.

Winterliches zu Weihnachten

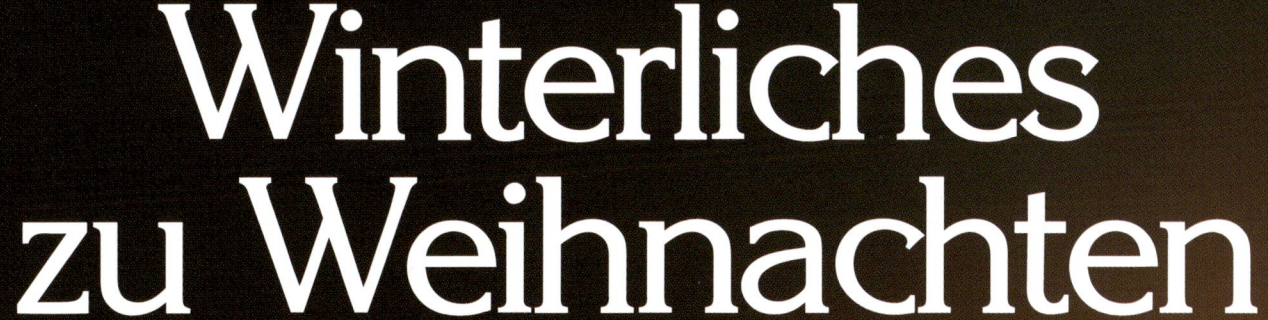

Die „Stille Zeit" kündet das höchste Fest und damit auch das Ende eines Jahres an. In vielen Familien werden Bastelabende abgehalten, um dem schönsten aller Bräuche in Einklang und Harmonie entgegenzusehen. Da entstehen zum Beispiel ein Adventskranz, reich bestückt mit Lebkuchen; ein verschneiter Christbaum, mit vielen Kerzenlichtern geschmückt, oder Sternenkinder, die beim leichtesten Luftzug zu tanzen beginnen.
Und an der Schwelle zum neuen Jahr sagen Sie allen Freunden und Bekannten mit Zylinder und Sektflasche in der Hand: „Prosit Neujahr!"

Winterliches zu Weihnachten

Schneemann

Tonkarton
blau, weiß

Tonpapier
schwarz, orange, braun

Die Vorlage zu „Schneemann" finden Sie auf Seite 154.

Schablonen von Schneekristall, Wolke und 3teiligem Schneemann herstellen. Die Wolke 1mal aus blauem Tonkarton, den Schneemann 1mal und den Schneekristall 7mal aus weißem Tonkarton ausschneiden. Den Zylinder 2mal aus schwarzem und den Ast 1mal aus braunem Tonpapier arbeiten. Für die Nase, wie in der Vorlage angegeben, ein Rechteck in Orange zuschneiden und von der Ecke aufrollend die Nase formen, so daß ein Ende spitz, das andere offen bleibt. Die Rollkante festkleben, das offene Ende 4mal kurz einschneiden und die Kante nach innen biegen, dann die Nase am Schneemann festkleben. Augen und Knöpfe mit einem Locher aus schwarzem Tonpapier ausstanzen und mit beiden Hutteilen dem Schneemann anpassen. Den Ast in einen der keilförmig ausgeschnittenen Arme setzen und den Schneemann wie auch die Schneekristalle freihängend an der Wolke befestigen.

Mein Tip: Schneemann und Schneekristalle als Christbaumschmuck verwenden oder das Adventsgesteck mit den Motiven verzieren.

Winterliches zu Weihnachten

Verschneites Vogelhaus

Folgende Motive von der Vorlage abpausen: den Rahmen, die Dach- bzw. Fußleiste, den Futterknödel, beide Vögel, den Tannenzweig und das Dach. Grundstock des Fensterbildes ist der Rahmenbau. Letzteren 1mal aus hellgrauem Tonkarton, die Dach- bzw. Fußleiste 4mal aus grauem Tonkarton ausschneiden. Je zwei Leisten, beidseitig ausgemittelt, am oberen Rahmenrand und zwei Leisten, ebenfalls beidseitig ausgemittelt, am unteren Rahmenrand gegeneinanderkleben. Den Tannenzweig 2mal aus dem grünen und den Futterknödel 1mal aus dem pastellgelben Tonpapier ausschneiden. Letzteren auf den unteren Rahmenrand setzen und beide Tannenzweige, beidseitig gegeneinanderklebend, an der rechten Rahmenecke anbringen. Das Dach 2mal aus weißem Tonkarton ausgeschnitten, ebenfalls beidseitig, an der Dachleiste ansetzen. Einen Vogel aus gelbem und einen Vogel aus kupferfarbenem Tonkarton ausschneiden. Mit einer Lochzange die Augen ausstanzen oder diese mit einem Filzstift anzeichnen. Beide Vögel innerhalb des Rahmens freihängend befestigen.

Tonkarton
hellgrau, grau weiß, gelb, kupfer

Tonpapier
pastellgelb, tannengrün

Die Vorlage zu „Verschneites Vogelhaus" finden Sie auf den Seiten 154/155.

Winterliches zu Weihnachten

Stern im Stern

Tonkarton
rot, orange, gelb, pastellgelb

Das Engelchen besteht aus acht Teilen: Haare, Körper inklusive linkes Bein, rechtes Bein bis zur Taille gehend, Hand, Kleid, Flügel, Kerze, Flamme und Schmuckstern. Den großen Stern 1mal in Rot, den mittleren Stern 1mal in Orange im Klappverfahren und den kleinen Stern in Gelb anfertigen. Den Engelskörper 1mal, das rechte Bein 1mal und die Hand 2mal in Pastellgelb ausschneiden. Das Kleid 2mal in Orange, die Haare 2mal, den Flügel 2mal, die Flamme 1mal und das Schmucksternchen 3mal in Gelb anfertigen. Die Kerze 2mal in Rot arbeiten. Den rechten Fuß laut Vorlage ankleben. Beide Kleidchenteile am Rücken einschneiden, die Flügel bis zur Strichellinie einschieben und die Kleidchen mit eingeschobenen Händen beidseitig gegen den Körper aufkleben. Beide Kerzenteile mit eingeschobener Flamme zusammenkleben und in die Hände des Engelchens stecken. Die Schmucksterne am Kleid und an der Flamme anbringen. Den Aufhängefaden zuerst am Engelskörper befestigen, dann in gleichen Abständen die drei Sterne ineinanderverschachtelt dazuhängen.

Die Vorlage zu „Stern im Stern" finden Sie auf den Seiten 158/159.

Winterliches zu Weihnachten

Sternenkinder

Alle drei Sterngrößen A, B, C, den Ball, den Reif und das 6teilige Sternenkind abpausen sowie Schablonen davon herstellen. Den Stern A 1mal, den Stern B 2mal und den Stern C 1mal aus gelbem Tonkarton anfertigen. Das Haarteil des Kindes 2mal und den Flügel ebenfalls 2mal aus dem gelben Tonkarton ausschneiden. Hemdchen und Strumpfhose je 2mal aus türkisfarbenem Tonkarton, Gesicht 1mal und die Hand 2mal aus pastellgelbem Tonkarton schneiden. Ball und Reif je 1mal aus der betreffenden Tonpapierfarbe arbeiten. Die Hemdchenteile, wie in der Vorlage angegeben, von Pfeil zu Pfeil einschneiden und die Flügel bis zur Strichellinie einkleben. Danach beide Teile mit den eingeschobenen Händen, dem Kopf und den versetzten Beinteilen zusammenkleben.

Zum Schluß die Haare beidseitig anpassen und Reif sowie Ball in die Hände der Sternenkinder stecken. Stern C an A befestigen, rechts und links davon die Sternenkinder freihängend anbringen, und darunter wiederum beide B-Sterne aufhängen.

Mein Tip: Die Motive, mehrfach und in verschiedenen Farben gearbeitet, sind sehr hübsche Christbaumdekorationen.

Tonkarton
gelb, türkis, pastellgelb

Tonpapier
grün, pink

Die Vorlage zu „Sternenkinder" finden Sie auf Seite 156.

Winterliches zu Weihnachten

Adventskranz

Tonkarton
tannengrün, rot

Tonpapier
braun, hellbraun, pastellgelb, weiß, grasgrün

Die Vorlage zum „Adventskranz" finden Sie auf den Seiten 156/157.

Lebkuchenherz, Lebkuchenplatte, Ente, Nuß, Apfel, Mond, Orange, Butterstern, Butterkringel, gleichmäßiger sowie verzerrter Stern, halber Adventskranz, Schleife, Schleifenband, Kerze und Flamme abpausen. Den Adventskranz im Klappverfahren auf den tannengrünen Tonkarton aufzeichnen. Die Kerze 3mal, das Schleifenband 10mal und die Schleife 2mal aus rotem Tonkarton anfertigen. Die beiden Sterne 10- und 12mal, die Früchte und die Gebäckformen, laut Angaben in der Vorlage, aus der betreffenden Farbe ausschneiden. Auf die Lebkuchenplatten und die Lebkuchenherzen mandelförmige Tonpapierteile aufkleben. Die Schleifenbänder und die Schleife beidseitig am Adventskranz ankleben. Die Sterne, die Lebkuchenteile, die Äpfel, die Butterkringel und die Buttersterne paarweise am Rand von beiden Seiten ankleben. Die Kerzenteile längsseitig halbierend anritzen, knicken und sternförmig gegeneinanderkleben, wobei die ebenfalls 3fache Flamme und ein Aufhängefaden mit eingelegt werden. Die restlichen Teile am Adventskranz freihängend befestigen und die Kerze im Innenraum ausmitteln.

Mein Tip: Anstelle dieser Motive können auch Ausstechmodel aus der weihnachtlichen Backküche als Vorlage dienen.

Winterliches zu Weihnachten

Weihnachtskrippe

Von Stall, Stern, Strohboden, 3teiliger Krippe, 3teiligem Jesuskind, 8teiligem Josef und 5teiliger Maria jeweils Schablonen herstellen. Aus dem gelben Tonkarton schneiden Sie aus: 2mal den Strohboden, 1mal den Stern, 1mal das untere und 1mal das obere Krippenstroh. Krippe, Stall und Stock benötigen Sie je 1mal aus dem kupferfarbenen Tonkarton. Aus dem weinroten Karton arbeiten Sie: je 1mal vorderes und hinteres Umhangteil von Maria und 1mal den Rock von Josef. In Oliv werden ausgeschnitten: 1mal Marias Körper und die Krippendecke. Vorderes und hinteres Mantelteil von Josef und dessen Gürtel je 1mal in Tannengrün arbeiten. Gesichter und Hände zeichnen Sie je 1mal auf pastellgelben Tonkarton, Bart sowie auch hinteres Haarteil von Josef auf weißen Karton. Den Strohboden beidseitig am unteren Stallrand ankleben, dabei auch die Krippe mit einschieben. An letztere das untere und obere Strohteil aufsetzen, das Jesuskind in der Decke liegend einschieben und alles leicht festkleben. Den Kopf von Maria hinter dem Kleid ansetzen, das Umhangvorderteil darüberlegen, die Hände einschieben und das Umhangrückteil von hinten dagegenkleben. Um die Hand von Josef in den Rockärmel einlegen zu können, letzteren bis zur Schulter doppelt herstellen. Den Gürtel an der Taille anbringen, den Kopf aufsetzen, das Mantelvorderteil auflegen, den Bart darüberkleben, das Mantelrückteil von hinten dagegenkleben und das hintere Haarteil anbringen sowie den Stock an der Hand befestigen. Die Gesichter einzeichnen und die Figuren mit dem Stern vor dem Stall aufbauen und ankleben.

Tonkarton
gelb, kupfer, weinrot, tannengrün, pastellgelb, oliv, weiß

Die Vorlage zu „Weihnachtskrippe" finden Sie auf den Seiten 158/159.

Winterliches zu Weihnachten

Weißer Christbaum

Tonkarton
weiß, rot, gelb

Die Schablonen für den Christbaum, wie in der Vorlage aufgezeichnet, zur Hälfte herstellen. Den Stern, die Kerze und die Flamme wie abgebildet abpausen. Den Christbaum im Klappverfahren, d.h., entlang der Strich-Punkt-Strich-Linie gegengleich aufzeichnen und zusammen mit den eingezeichneten runden Freiräumen 1mal aus weißem Tonkarton ausschneiden. Den Stern 9mal und die Flamme 18mal aus dem gelben Tonkarton arbeiten. Die Kerze besteht aus zwei Teilen, d.h., die Form benötigen Sie somit 36mal aus rotem Tonkarton. Die Sterne an den äußersten Tannenkanten mit einer Sternenspitze aufkleben. Wer will, kann noch weitere Sterne auf der Innenfläche des Christbaums anbringen. Die Kerzen mit eingeschobener Flamme zusammenkleben und in die Freiräume des Christbaums stecken. Um ein Herunterfallen der Kerzen zu vermeiden, diese mit etwas Klebstoff versehen. Wem die Kerzenpracht zu aufwendig ist, kann ein langgezogenes Dreieck aus der Christbaumfläche ausschneiden und eine große Kerze hineinhängen.

Die Vorlage zu „Weißer Christbaum" finden Sie auf Seite 157.

Winterliches zu Weihnachten

Eisblumenkranz

Die Eisblumenvorlage und das Rehböcklein sowie den Stern abpausen und die Schablonen herstellen. Die Eisblume 5mal, den Stern 6mal und das Rehböcklein 1mal aufzeichnen, danach ausschneiden.

Das Auge des Rehböckchens, in der Vorlage als schmale Kerbeneinschnitte angegeben, kann auch beidseitig mit einem hellgrauen Filzstift angedeutet werden. Die Eisblumen zu einem Kreis bzw. einem Ring formieren und jeweils an den Spitzen aneinanderkleben. Das Rehböcklein freihängend an der oberen Eisblume anbringen, das gesamte Motiv ebenfalls an der oberen Eisblume aufhängen und mit den Sternen das Fensterbild ausbalancieren. Wenn Sie den Kranz um zwei Blumenmotive erweitern wollen, dann müssen alle Eisblumen in 2facher Ausführung angefertigt und zur Formstabilität gegeneinandergeklebt werden.

Tonkarton
weiß

Die Vorlage zum „Eisblumenkranz" finden Sie auf Seite 154.

Winterliches zu Weihnachten

Prosit Neujahr!

Tonkarton
schwarz, flaschengrün

Tonpapier
hellgrau, rosa, lila, pink, weiß, kupfer

Alle Schablonenteile herstellen und aus den betreffenden Farben herausarbeiten. Den Zylinder 2mal aus schwarzem Tonkarton, den Innenraum und den Rand je 2mal aus grauem Tonpapier arbeiten, Vorder- und Rückseite der Flasche je 1mal aus grünem Tonkarton und die dazugehörigen Aufkleber je 1mal aus weißem und kupferfarbenem Tonpapier anfertigen. Das Glas wird 3mal aus hellgrauem Papier und die Luftschlangen werden je 1mal aus pink-, rosa- sowie lilafarbenem Tonpapier ausgeschnitten. Die innere Hutfläche sowie den Rand auf je ein Hutteil kleben und, wie in der Vorlage eingezeichnet, von Pfeil zu Pfeil einschneiden. Je ein mit den betreffenden Aufklebern versehenes Flaschenteil einschieben und beide Teile gegeneinanderkleben. Die Sektgläser aufsetzen, die Luftschlangen dazuhängen und das mit dem Locher ausgestanzte Konfetti dazukombinieren.

Die Vorlage zu „Prosit Neujahr!" finden Sie auf Seite 160.

Mein Tip: Wer das Motiv verschenken will, beschriftet das Etikett nach Lust und Laune.

Winterliches zu Weihnachten

Schweinchen Glück

Das Schweinchen besteht aus sieben Schablonenteilen: Zylinder, Nase, Mund, Schleife, beide Ohren und das Ringelschwänzchen. Den Glücksklee aus der gesamten Form, den vier Blattstrukturen und dem Blattkern, herstellen. Grundstock des Motivs ist der Rahmen mit den Durchmessermaßen 28 cm und 23,5 cm. Die Kreise direkt auf den ultramarinfarbenen Tonkarton aufzeichnen. Das Schweinchen 1mal aus dem pinkfarbenen Tonkarton, das Kleeblatt 1mal aus dem grünen Karton, den Zylinder 2mal aus schwarzem Tonpapier, je 1mal die Nase, den Mund, die Ohren sowie das Schwänzchen aus rosafarbenem Papier, die Schleife 1mal aus weißem und die Blattstrukturen je 1mal aus pastellgelbem Tonpapier ausschneiden. Die Zylinderteile am Kopf ankleben, die Ohren, die Nase, den Mund, die Schleife sowie das Ringelschwänzchen am Hinterteil anpassen und die Blattstrukturen vom Kleeblatt aufkleben. Mit einem schwarzen Filzstift die Gesichtszüge sowie den Bauch aufzeichnen und die Hufe ausmalen. Die Schleifenkonturen einzeichnen und das Halsband dazumalen. Schweinchen Glück auf den Kleeblattstengel setzen und in den Rahmen kleben.

Tonkarton
ultramarin, pink, grün

Tonpapier
weiß, schwarz, rosa, pastellgelb

Die Vorlage zu „Schweinchen Glück" finden Sie auf Seite 161.

Belebter Himmel

Herbstliches...

Material
Tonkarton
Hellblau, Weiß,
Hellgrau, Gelb,
Schwarz
Watte
Filzschreiber
Schwarz
Klebstoff
Uhu
Nähgarn
Weiß

Werkzeug
Cutter
Papierschere

Transparentpapier auflegen und alle Konturen so abkopieren, daß sie sich nicht überschneiden. Die einzelnen Motivformen erkennen Sie exakt an den verschiedenartigen Konturlinien; d.h. jedes Motiv und auch wiederum deren Details haben eine eigene Konturlinie. Vorlage 1, die große Wolke, auf den hellblauen Tonkarton auflegen, den äußeren und inneren Wolkenumriß nachzeichnen, ausschneiden, dann die hellblaue Wolke auflegen, nachzeichnen und ein zweitesmal ausschneiden; so erhalten Sie kantengleiche Wolkenausschnitte. Etwas Watte über den Hohlraum eines Wolkenteils legen und entlang der Innenkante ankleben. Das zweite Wolkenteil dem ersten anpassen, betreffende Fläche mit Klebstoff einstreichen und über die Watte kleben.

Jetzt den Umriß von Herrn Wind auf hellgrauen Tonkarton, die gestrichelten Wolkenfelder wie Augenbrauen, Arm und Füße auf weißen Tonkarton übertragen und ausschneiden. Die Bauchmitte, wie bei der großen Wolke bereits beschrieben, mit Watte versehen; dabei letztere zwischen den Wolkenkörper schieben. Die Augenbrauen und die Füße standrichtig aufkleben. Den Arm entsprechend der Vorlage in Position bringen und nur den Oberarm aufkleben, so daß die Hand lose über dem Wattebausch liegt. Wolke 4 ebenfalls aus weißem Tonkarton ausschneiden und von der Rückseite her an den beiden Motivteilen anbringen; die Position bestimmen Sie selbst. Die Sonne 3 in Gelb ausschneiden und hinter den spitzen Wolkenverlauf kleben. Die Regentropfenvorlage 5 zweimal aus hellgrauem Karton ausschneiden, die Füße viermal aus schwarzem Karton, dann je zwei Füße von der Rückseite her an die Regentropfenbeine kleben. Den Zylinder entlang der langgestrichelten Außenkontur auf schwarzen Tonkarton übertragen, dem kurzgestrichelten Konturenverlauf folgend den hinteren Hutrand auf hellgrauen Karton übertragen und der durchgezogenen Linie folgend den vorderen Hutrand ebenfalls auf Hellgrau aufzeichnen. Hut und Ränder ausschneiden, dann zusammensetzen. Wie in der Vorlage dargestellt Herrn Wind, Frau Sonne, beiden Regentropfen und dem Zylinder Gesichtszüge aufsetzen bzw. aufmalen. Die kleinen Regentropfen 11mal aus hellgrauem Tonkarton ausschneiden und mit der Spitze nach oben an der Windwolke mit Nähgarn befestigen. Beide Regentropfen und den Zylinder versetzt zueinander ebenfalls anbringen. Das Windspiel zwischen Daumen und Zeigefinger auspendeln und an einem doppelten Nähfaden aufhängen.

Belebter Himmel

...Windspiel

Die Vorlage zum „Windspiel" finden Sie auf den Seiten 188/189 mit den Nummern:
1 Große Wolke
2 Herr Wind
3 Frau Sonne
4 Kleine Wolke
5 Regentropfen
6 Zylinder

Bitte beachten Sie den Vorlagenhinweis auf Seite 122.

Transparente Tonkartonmotive

Mi – Mu – Maus,
was machst du in des Katers Bauch?

Hat er dich überlistet,
oder warst du gar schlecht gerüstet?

Nun ist der Kater satt,
und du erstaunt und platt.

Transparente Fensterbilder herstellen

Zuerst eine Schablone herstellen. Das abgepauste Motiv von der Papierrückseite her mit Uhu einstreichen und auf ein Zeichenblockpapier kleben. Ein DIN A4-Blatt schützt beim Glattstreifen vor Verwischen der Bleistiftkonturen. Die auszuschneidenden Flächen schraffieren, dann mit dem Cutter entfernen.

Jetzt die Schablone aufzeichnen. Tonkarton und Tonpapier etwas größer als das Motiv zuschneiden, an den äußeren Kanten mehrmals mit dem Tucker zusammenheften und die Schablone an drei Stellen mit Tesafilm auf dem Tonkarton befestigen. Mit einem gespitzten Bleistift die Konturen vorsichtig nachzeichnen.

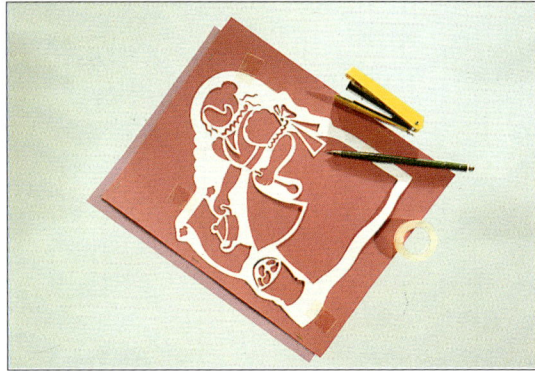

Nun das Fensterbildgerüst anfertigen. Zuerst unschöne Bleistiftkonturen ausbessern, anschließend die einzelnen Flächen in angegebener Reihenfolge ausschneiden. Schneidunterlage nicht vergessen! Die Schneide Ihres Cutters muß kerben- und klebstofffrei sein. Extreme Rundungen werden mit der Messerspitze ausgestochen.

Material
Schneidunterlage
Transparentpapier
Tonkarton
Tonpapier
Transparentpapier, farbig
Klebstoff (Uhu, Fixogum)
Aufhängefaden

Werkzeug
Radiergummi
Bleistift
Folienstift
Papier- und Nagelschere
Cutter (Schneidmesser)
Tucker (Klammergerät)

Nach dem Entfernen aller Innenflächen kann der Umriß des Motivs ausgeschnitten werden. Den Tonkarton seitenverkehrt nach links umklappen. Farbiges Transparentpapier über die freien Flächen legen und mit ½–1 mm Zugabe die Kontur mit einem Folienstift nachzeichnen, danach ausschneiden.

Das seitenrichtige Tonpapierbild an den Stellen mit Fixogum einstreichen, die mit Transparentpapier beklebt werden sollen. Letzteres dann, ebenfalls seitenrichtig, darauf ausrichten. Zum Schluß das Tonkartongerüst komplett mit Fixogum einstreichen und kanten- bzw. konturengleich dem Tonpapier anpassen.

Transparente Tonkartonmotive

Katze und Maus

Legen Sie auf jede Buchseite ein Transparentpapier in DIN A4-Größe und schieben Sie die Längskanten bis zum Anschlag in die Buchmitte. Zeichnen Sie alle Konturlinien, das Motiv betreffend, ab und kleben Sie danach beide Transparentblätter, Stoß an Stoß, mit einem Tesafilm zusammen. Die durchscheinenden Konturlinien auf der Rückseite mit Uhu einstreichen und das Ganze auf ein festeres Papier kleben. Das Transparent so glattstreichen, daß keine Luftblasen entstehen. Nachdem der Klebstoff trocken ist, die inneren Konturen ausschneiden: zuerst die Ohren, die Augenpartie und die Nase mit den Barthaaren, dann die Zunge und die angedeuteten Kopfhaare, anschließend die Maus und die Hinterpfotenkonturen mit Schwanzansatz. Zum Schluß die gesamte Katzenkontur ausschneiden. Es ist die Mühe wert, eine Schablone anzufertigen, da das direkte Durchpausen mit Kohlepapier unschöne Druck- und Wischspuren hinterläßt. Außerdem kann eine Schablone mehrmals verwendet werden, so daß ein Bastelkreis innerhalb der Gruppe wechseln kann. Tonkarton und Tonpapier auf ungefähre Motivgröße vorschneiden, mit dem Tucker zusammenheften und die Schablone an drei Stellen auf dem Karton befestigen. Nachdem alle Konturen aufgezeichnet sind, kann die Schablone wieder entfernt und die Innenflächen ausgeschnitten werden. Extreme Rundungen mit der Messerspitze des Cutters ausstechen. Tonkarton und Tonpapier auseinanderklappen (siehe auch Seite 8) und das farbige Transparentpapier über die betreffende Ausschnittfläche des Tonkartons legen, diese 1 mm größer mit einem Folienstift umranden, ausschneiden und seitenrichtig auf die mit Fixogum versehene Tonpapierstelle kleben. Zum Schluß das Tonkartonteil mit Fixogum einstreichen und auf das Tonpapierteil kleben.

Material
Schneidunterlage
Tonkarton: grau
Tonpapier: grau
Transparentpapier: ocker, rot, weiß, braun

Die Vorlage zu „Katze und Maus" finden Sie auf Seite 162/163.

Transparente Tonkartonmotive

Clownerie...

Material
Schneidunterlage
Tonkarton: rot
Tonpapier: rot
Transparentpapier: gelb, orange, blau, grün, rot, violett, flieder

Eine Schablone wie auf Seite 8 beschrieben, herstellen. Die untenstehende Grafik gibt an, in welcher Reihenfolge die Innenflächen ausgeschnitten werden. Extreme Rundungen, wie Fingerspitzen, werden mit der Messerspitze des Cutters ausgestochen. Achten Sie dabei immer auf eine scharfe Schneide. Tonkarton und Tonpapier grob vorschneiden, an den äußeren Kanten zusammenheften und die Schablone auf dem Kartonteil an drei Stellen befestigen. Alle Konturen nachzeichnen, die Schablone wieder entfernen und, wie in der Grafik angegeben, die inneren Flächen ausschneiden. Das Konfetti mit einer Lochzange ausstanzen und zum Schluß die gesamte Kontur ausschneiden. Tonkarton und Tonpapier auseinanderklappen, so daß jeweils die Innenseite obenauf liegt. Farblich passendes Transparentpapier nacheinander über die Ausschnittflächen legen, die betreffenden Formen 1 mm größer mit einem Folienstift umranden, ausschneiden und seitenrichtig auf das Tonpapierteil kleben; dabei das Tonpapier vorher mit Fixogum versehen. Haben Sie alle Ausschnittflächen abgeklebt, wird das Tonkartonteil komplett mit Fixogum eingestrichen und konturengleich auf das Tonpapierteil geklebt. Am Schleifenknoten aufhängen.

Die Vorlage zu „Clownerie" finden Sie auf Seite 166.

Hinweis
Die nebenstehende Grafik gibt anhand der dunkleren Flächen an, welche Formen auszuschneiden sind. Die Zahlen wiederum geben die Reihenfolge der Ausschnitte an.

Transparente Tonkartonmotive

…im Zirkuszelt

Transparente Tonkartonmotive

Turnierritter

Material
Schneidunterlage
Tonkarton: grau
Tonpapier: grau
Transparentpapier:
orange, gelb, braun,
violett, blau, grün,
weiß

Die Vorlage von Seite 85 abkopieren; dabei ein Transparentpapier in DIN A4-Größe in die Buchmitte bis zum Anschlag einschieben, so daß das Transparent nicht mehr verrutschen kann. Nachdem Sie das ganze Motiv abgepaust haben, tragen Sie auf der Rückseite entlang den durchscheinenden Konturlinien Uhu auf, und fixieren Sie das Ganze auf einem festeren Papier (z. B. vom Zeichenblock). Kennzeichnen Sie die Flächen, die ausgeschnitten werden, durch Schraffieren. Die untenstehende Grafik zeigt die Ausschnittformen anhand der dunkleren Flächen. Nachdem der Klebstoff trocken bzw. ausgehärtet ist, können Sie die einzelnen Formen ausschneiden. Auch hier zeigt Ihnen die Grafik anhand der Zahlen die Reihenfolge. Beginnen Sie also mit der Lanze und dem Arm, dann weiter mit der Rüstung, dem Pferdekopf und den Beinen, danach die Pferdedecke, den Schwanz und den Reiterumhang. Zum Schluß die Steine, die Fenster, die Fahne, dann die gesamte Form ausschneiden. Machen Sie sich die Mühe, eine Schablone herzustellen, da man sie zum ersten mehrmals verwenden kann (Bastelgruppe) und zum zweiten beim direkten Durchpausen mit Kohlepapier unschöne Druck- und Wischspuren auf dem Tonkarton sichtbar bleiben. Außerdem können Bleistiftstriche leichter entfernt werden als Kohlepapierstriche. Nun also die Schablone auf den etwas größer zugeschnittenen Tonkarton an drei Stellen mit Tesafilm befestigen, das Tonpapier mit einem Tucker dahinterklammern und alle Konturen mit einem Bleistift umzeichnen. Die Schablone wieder entfernen und, wie vorerst beschrieben, in der gleichen Reihenfolge die angegebenen Flächen ausschneiden. Extreme Rundungen mit der Messerspitze des Cutters ausstechen. Nachdem das gesamte Motiv ausgeschnitten ist, Tonkarton und Tonpapier auseinanderklappen, so daß die Innenseiten jeweils obenauf liegen. Das bunte Transparentpapier auf das Tonkartonteil legen, mit einem Folienstift die betreffende Form 1 mm größer umranden und ausschneiden. Dieses Teil dann seitenrichtig auf das Tonpapierteil kleben (siehe auch Seite 8). Sind alle Ausschnittflächen abgeklebt, kann das Tonkartonteil komplett mit Fixogum eingestrichen und dem Tonpapierteil angepaßt werden. Das Fensterbild ausmitteln und aufhängen.

Die Vorlage zum „Turnierritter" finden Sie auf Seite 167.

Hinweis
Die nebenstehende Grafik gibt anhand der dunkleren Flächen an, welche Formen auszuschneiden sind. Die Zahlen wiederum geben die Reihenfolge der Ausschnitte an.

Transparente Tonkartonmotive

Vater Mond...

Material
Schneidunterlage
Tonkarton: schwarz
Tonpapier: schwarz
Transparentpapier: violett, gelb, rot, orange

Das Motiv von Seite 86 abpausen und eine Schablone, wie auf Seite 8 beschrieben, herstellen. Zuerst alle inneren Konturen, dann erst die Außenkontur ausschneiden. Achten Sie dabei auf die Zahlenreihenfolge, die in der Grafik angegeben ist: Gesicht des Mondes, seine rechte Hand, seine linke Hand, unteres Sternenmädchen, oberes Sternenmädchen, Sternenjunge und zuletzt die Schlafmütze. Betreffender Tonkarton mit passendem Tonpapier, etwas größer zugeschnitten als das eigentliche Motiv, an den äußeren Kanten zusammenheften. Die Schablone auf der Kartonseite an drei Stellen mit Tesafilm befestigen und alle Konturlinien nachzeichnen. Schablone entfernen, Tonkarton- und Tonpapierteil auseinanderklappen, so daß die Innenseiten obenauf liegen. Farblich passendes Transparentpapier über die Ausschnittflächen des Tonkartons legen, die Konturen mit 1 mm Zugabe umranden und ausschneiden. Betreffende Fläche auf dem Tonpapier mit Fixogum einstreichen und das farbige Transparent aufkleben. Alle Flächen ebenso handhaben und zum Schluß das Tonkartonteil komplett mit Fixogum einstreichen und kantengleich dem Tonpapierteil anpassen. Den Aufhängefaden je nach gewünschter Wolkenlage anbringen.

Die Vorlage zu „Vater Mond..." finden Sie auf Seite 168.

Hinweis
Die nebenstehende Grafik gibt anhand der dunkleren Flächen an, welche Formen auszuschneiden sind. Die Zahlen wiederum geben die Reihenfolge der Ausschnitte an.

Transparente Tonkartonmotive

...und seine Kinder

Transparente Tonkartonmotive

Goldfische

Material
Schneidunterlage
Tonkarton: hellgrau
Tonpapier: hellgrau
Transparentpapier: orange, blau, weiß

Zuerst alle Konturen von Seite 88 abpausen und die auszuschneidenden Flächen schraffieren. Die Grafik zeigt Ihnen anhand der dunkleren Flächen, welche Teile entfernt werden müssen. Auf der Rückseite des Transparents die durchscheinenden Konturen mit Uhu einstreichen und das Ganze auf ein festeres Zeichenpapier kleben. Um beim Glattstreichen die Bleistiftkonturen nicht zu verwischen, ist es ratsam, ein neutrales Blatt Papier über die Transparentvorlage zu legen. Nachdem der Klebstoff trocken ist, können in der Reihenfolge, die aus der Grafik ersichtlich ist, die einzelnen Flächen ausgeschnitten werden. Grundsätzlich gilt: Zuerst alle inneren Konturen, dann die Außenkontur ausschneiden. Nachdem die Schablone erstellt ist, Tonkarton und Tonpapier etwas größer als das eigentliche Motiv zuschneiden und entlang der äußeren Kanten zusammenheften. Die Schablone an drei Stellen mit Tesafilm auf dem Tonkarton befestigen und alle Konturen mit einem Bleistift vorsichtig nachzeichnen. Die Schablone wieder entfernen und in der gleichen Reihenfolge, wie in der Grafik dargestellt, die Flächen ausschneiden: zuerst die kleinen Flossen der Fische, dann den Körper und anschließend den Gefäßrand und den Innenraum. Die Augen können mit einer Lochzange ausgestanzt werden. Zum Schluß die Außenkontur ausschneiden und fertig ist das Fensterbildgerüst. Beide Motivteile auseinanderklappen, so daß die Innenseiten obenauf liegen. Das farbige Transparentpapier nacheinander über die freien Flächen des Tonkartons legen, mit einem Folienstift die jeweilige Kontur 1 mm größer umranden, danach ausschneiden und sofort auf die mit Fixogum eingestrichene Tonpapierstelle seitenrichtig aufkleben. Nachdem alle Flächen abgedeckt sind, das Tonkartongerüst komplett mit Fixogum einstreichen und kanten- bzw. konturengleich auf das Tonpapierteil kleben. Anschließend die Luftblasen, wie in der Vorlage angegeben, von der Tonkartonseite aus (rechte Seite) auf das weiße Transparentpapier aufkleben. Zum Schluß wird das Fensterbild zwischen Daumen und Zeigefinger ausgemittelt und mit einem Aufhängefaden versehen.

Die Vorlage zu „Goldfische" finden Sie auf Seite 170.

Hinweis
Die nebenstehende Grafik gibt anhand der dunkleren Flächen an, welche Formen auszuschneiden sind. Die Zahlen wiederum geben die Reihenfolge der Ausschnitte an.

Mein Tip

Die Fische einzeln ausschneiden und als Mobile in fünf verschiedenen Farben aufhängen.

Transparente Tonkartonmotive

Kleiner Drache…

Material
Schneidunterlage
Tonkarton: schwarz
Tonpapier: schwarz
Transparentpapier:
gelb, rot, braun, grün,
hellgrün, orange, weiß

Zwei Transparentblätter über die Vorlage legen, verrutschsicher in die Buchmitte einschieben und alle Konturen abpausen. Beide Blätter an den unterbrochenen Linien, Stoß an Stoß, zusammensetzen und mit Tesafilm befestigen. Wie auf Seite 8 erklärt, nun die Schablone herstellen. Achten Sie dabei auf die Reihenfolge der Ausschnitteile, die in der Grafik als dunklere Flächen dargestellt sind. Tonkarton und Tonpapier etwas größer als das eigentliche Motiv vorschneiden und zusammenklammern. Die Schablone an drei Stellen befestigt auf den Karton aufzeichnen und wieder entfernen. In der gleichen Reihenfolge, wie untenstehende Grafik zeigt, die Flächen ausschneiden. Extreme Rundungen, wie die Flügelchen, mit der Messerspitze des Cutters ausstechen. Tonkarton und Tonpapier auseinanderklappen und das farbige Transparentpapier entsprechend der Ausschnittflächen anpassen (siehe auch Seite 8): Mauerritze in Weiß; Höhle in Braun; Feueratem in Gelb und Orange; Flügel, Ohren und Beine in Hellgrün; Körper in Grün. Den Tonkarton mit Fixogum einstreichen, dem beklebten Tonpapierteil anpassen, und die Körperflecken in Gelb aufsetzen. Das Auge einzeichnen.

Die Vorlage zu „Kleiner Drache…" finden Sie auf Seite 169.

Hinweis
Die nebenstehende Grafik gibt anhand der dunkleren Flächen an, welche Formen auszuschneiden sind. Die Zahlen wiederum geben die Reihenfolge der Ausschnitte an.

Transparente Tonkartonmotive

...der Glücksbringer

Transparente Tonkartonmotive

Vogelfrei

Material
Schneidunterlage
Tonkarton: braun
Tonpapier: braun
Transparentpapier: ocker, braun, rot

Die Vorlage von Seite 90 auf Transparentpapier abkopieren und das restliche Schwanzstück von Seite 91 dazuzeichnen. Eine Schablone, wie auf Seite 8 beschrieben, herstellen, auf den Tonkarton auflegen, der mit dem Tonpapier zusammengeheftet ist, und alle Konturen nachzeichnen. Die Schablone entfernen und die Innenflächen ausschneiden. Die Flügelenden mit der Messerspitze des Cutters ausstechen. Tonkarton- und Tonpapiergerüst auseinanderklappen, farbiges Transparentpapier über den Karton legen, die betreffenden Ausschnitte 1 mm größer mit dem Folienstift aufzeichnen, ausschneiden und seitenrichtig auf das Tonpapiergerüst kleben: den Körper in Braun; den Schwanz und den Kopf in Ocker; beide Flügel in Braun und Ocker (doppelte Lage). Am besten die Ausschnittflächen nacheinander aufzeichnen, ausschneiden und sofort aufkleben. Sie brauchen nur die seitenverkehrte Transparentfläche umklappen und seitenrichtig auf die betreffende Fläche des Tonpapiers kleben.
Zum Schluß den Tonkarton mit Fixogum einstreichen und kantengleich dem Tonpapier anpassen.
Das Auge mit dem Folienstift einzeichnen, das Motiv selbst zwischen Daumen und Zeigefinger in gewünschte Flugbahn bringen und dementsprechend einen farblich passenden Aufhängefaden anbringen.

Die Vorlage zum „Vogel" finden Sie auf Seite 172.

Transparente Tonkartonmotive

Libellenflug

Transparentpapier über die Vorlage legen und den Libellenkörper und die Flügel abpausen. Die Rückseite entlang der Konturlinien mit Uhu einstreichen und auf ein festeres Papier kleben. Die einzelnen Flächen nacheinander ausschneiden, dann erst die Außenkontur. Tonkarton und Tonpapier etwas größer als DIN A4 zuschneiden, zusammenheften und die Körperschablone 1mal, beide Flügelteile je 2mal aufzeichnen. Nach dem Entfernen der Schablonen, auch hier zuerst die Innenflächen, dann die Außenkonturen, ausschneiden. Die Ausschnittflächen des Körpers und der Flügel, wie auf dem Foto ersichtlich, mit dem betreffenden farbigen Transparentpapier abdecken. Achten Sie hierbei auch auf die Beschreibung von Seite 8. Die Transparentteile speziell an den Flügeln mit nur ½ mm Zugabe ausschneiden. Bevor Sie nun beide Körperteile zusammenkleben, werden zuerst die Flügel paarweise aufeinandergelegt, die Transparentbeklebung auf Überschneidungen überprüft, dann erst zusammengeklebt. Die runderen Flügelteile dem ersten Körperglied, gleich nach dem Kopf, auf dem Tonkarton anpassen. Die spitzeren Flügelteile dem zweiten und zum Teil dem dritten Körperglied anpassen, festkleben und beide Körperteile konturengleich zusammenkleben. Jetzt noch die Flugrichtung bestimmen und den Aufhängefaden anbringen.

Material
Schneidunterlage
Tonkarton: türkis
Tonpapier: türkis
Transparentpapier: grün, blau, violett, hellgrün

Die Vorlage zur „Libelle" finden Sie auf Seite 172.

Transparente Tonkartonmotive

Königstiger...

Material
Schneidunterlage
Tonkarton: grün
Tonpapier: grün
Transparentpapier: orange, weiß, grün, hellgrün

Die Tigerkontur von Seite 89 abpausen und separat die restliche Kontur von Seite 88. Beide Transparentseiten konturengleich, Stoß an Stoß, zusammenkleben und von der Rückseite mit Uhu versehen auf ein festeres Papier kleben. Nach dem Trocknen die einzelnen Flächen in angegebener Reihenfolge, laut Grafik, ausschneiden: Augen/Gesicht, Ohren/Hals, vordere Beine, Schwanz/Hinterteil, dann Gräser und Blätter; die äußere Kontur ganz zum Schluß. Tonkarton und Transparentpapier etwas größer als das Motiv vorschneiden, an den Kanten zusammenklammern, die Schablone an drei Stellen mit Tesafilm befestigen und alle Konturen mit Bleistift nachzeichnen.
Schablone entfernen und die Flächen ausschneiden. Extreme Rundungen mit der Messerspitze des Cutters ausstechen. Nachdem das Fensterbildgerüst hergestellt ist, beide Teile auseinanderklappen, das farbige Transparentpapier über die Flächen des Tonkartons legen, mit ½–1 mm umranden und ausschneiden. Mehrere aneinanderstoßende, gleichfarbige Konturen werden zusammenfassend in einem Stück ausgeschnitten. Das Tonpapier an der betreffenden Stelle mit Fixogum einstreichen und die Transparentteile seitenrichtig anpassen. Zum Schluß das Tonkartongerüst komplett mit Fixogum einstreichen und auf das Tonpapierteil kleben. Den Aufhängefaden so anbringen, daß die beiden Vorderpfoten auf einer Waagerechten liegen.

Die Vorlage zum „Königstiger..." finden Sie auf Seite 171.

Hinweis
Die nebenstehende Grafik gibt anhand der dunkleren Flächen an, welche Formen auszuschneiden sind. Die Zahlen wiederum geben die Reihenfolge der Ausschnitte an.

Transparente Tonkartonmotive

…auf der Lauer

Transparente Tonkartonmotive

Weinlese

Material
Schneidunterlage
Tonkarton: braun
Tonpapier: braun
Transparentpapier:
braun, grün, hellgrün

Auch bei diesem Fensterbild ist der erste Arbeitsgang das Herstellen einer Schablone. Legen Sie ein neutrales DIN A4-Transparentpapier über die Vorlage und schieben Sie eine Längsseite bis zum Bundanschlag. So kann das Transparent nicht mehr verrutschen. Alle Konturen abzeichnen und die auszuschneidenden Flächen schraffieren. Die untenstehende Grafik zeigt Ihnen anhand der dunkleren Flächen, um welche Formen es sich hierbei handelt. Die durchscheinenden Konturen auf der Rückseite des Transparents mit Uhu einstreichen und das Ganze auf ein festeres Zeichenpapier kleben. Nachdem der Klebstoff trocken ist, die einzelnen Flächen in der Reihenfolge, die Sie aus der Grafik ersehen können, ausschneiden: zuerst die Trauben, das obere Blatt, das untere Blatt, dann das angeschnittene Blatt und zum Schluß die restlichen Flächen sowie die Außenkontur. Tonkarton und Tonpapier etwas größer als das eigentliche Motiv vorschneiden und an den äußeren Kanten mit dem Tucker zusammenheften. Die Schablone an zwei gegenüberliegenden Seiten mit Tesafilm auf dem Tonkarton befestigen und alle Konturen mit einem Bleistift nachzeichnen. Anschließend die Schablone wieder entfernen und alle Flächen, wie zuvor beschrieben, nacheinander ausschneiden. Die Trauben vorsichtig mit der Messerspitze des Cutters ausstechen; dabei den Cutter senkrecht zur Arbeitsfläche halten. Nachdem Sie auch die Außenkontur ausgeschnitten haben, klappen Sie beide Motivteile auseinander und legen Sie farbiges Transparentpapier, betreffend dem Foto, über die Ausschnittflächen des Tonkartons. Umranden Sie diese nacheinander mit einem Folienstift und 1 mm Zugabe. Die Transparentteile nach dem Ausschneiden auf das mit Fixogum versehene Tonpapiermotiv seitenrichtig aufkleben. Die Traubenfrüchte nicht einzeln, sondern mit einem großflächigen Transparent abdecken. Sind alle Flächen abgeklebt, den Tonkarton komplett mit Fixogum einstreichen, schnittkantengleich auf das Tonpapiermotiv legen, eventuell ausgleichen, etwas trocknen lassen, dann erst überschüssigen Klebstoff wegrubbeln.
Das Fensterbild zwischen Daumen und Zeigefinger auspendeln und den Aufhängefaden anbringen.

Die Vorlage zu „Weinlese..." finden Sie auf Seite 173.

Hinweis
Die nebenstehende Grafik gibt anhand der dunkleren Flächen an, welche Formen auszuschneiden sind. Die Zahlen wiederum geben die Reihenfolge der Ausschnitte an.

Transparente Tonkartonmotive

Paradiesvogel…

Material
Schneidunterlage
Tonkarton: rostbraun
Tonpapier: rostbraun
Transparentpapier:
hellgrün, rot, braun,
orange, gelb

Für dieses Motiv benötigen Sie zwei neutrale Transparentblätter (DIN A4), die Sie in den Buchbund rutschsicher einschieben. Alle Konturen mit größter Sorgfalt nachzeichnen, die beiden Transparentblätter, Stoß an Stoß, mit einem Tesafilm zusammenkleben, die Rückseite mit Uhu einstreichen und das Ganze auf ein festeres Zeichenpapier kleben. Die Flächen, wie in der Grafik angegeben, der Reihe nach ausschneiden. Die fertige Schablone auf vorgeschnittenem Tonkarton mit Tesafilm befestigen, Tonpapier dahinter festklammern, dann die Konturen mit einem Bleistift nachzeichnen. Die Schablone wieder entfernen und die Flächen sowie die Außenkontur ausschneiden. Beide Motivteile auseinanderklappen, so daß die Innenseiten obenauf liegen. Farbiges Transparentpapier auf das Tonkartonteil legen und die einzelnen Ausschnittflächen ½–1 mm größer mit einem Folienstift umranden. Eng aneinanderliegende, gleichfarbige Formen brauchen nicht einzeln, sondern können großflächiger abgeklebt werden. Die Farben folgendermaßen verteilen: Braun beim Schnabel; Hellgrün bei Kopf und Brust; Gelb beim Halsrücken; Orange, Rot und Gelb abwechselnd bei Brust- und Schwanzfedern. Stellenweise das Tonpapierteil mit Fixogum einstreichen und die ausgeschnittenen Transparentformen aufkleben. Das Tonkartonmotiv auf das Tonpapiermotiv kleben. Ein Auge einmalen und den Aufhängefaden anbringen.

Die Vorlage zum „Paradiesvogel…" finden Sie auf Seite 174/175.

Hinweis
Die nebenstehende Grafik gibt anhand der dunkleren Flächen an, welche Formen auszuschneiden sind. Die Zahlen wiederum geben die Reihenfolge der Ausschnitte an.

Transparente Tonkartonmotive

…beim Balztanz

Transparente Tonkartonmotive

„Mutter Henne"

Material
Schneidunterlage
Tonkarton: grün
Tonpapier: grün
Transparentpapier: rot, braun, orange, grün, hellgrün, violett, blau, pink, gelb

Transparentpapier über die Buchvorlage legen und alle Konturen nachzeichnen. Die Rückseite danach mit Uhu einstreichen und das Ganze auf ein festeres Zeichenpapier kleben. Nachdem der Klebstoff trocken ist, werden die einzelnen Flächen herausgeschnitten. Achten Sie dabei auf die Reihenfolge, die in der Grafik angegeben ist. So bleibt das Fensterbildgerüst bis zum Schluß stabil. Die fertige Schablone auf dem vorgeschnittenen Karton an drei Stellen mit Tesafilm befestigen und alle Konturen mit einem gespitzten Bleistift nachfahren. Die Schablone wieder entfernen, das Tonpapier mit einem Tucker dahinter festklammern und, wie bei der Schablonenherstellung beschrieben, die einzelnen Formen herausschneiden. Extreme Rundungen mit der Cutterspitze ausstechen. Danach beide Motivteile auseinanderklappen, so daß die Innenseiten obenauf liegen. Das farbige Transparentpapier den Ausschnittflächen des Tonkartons anpassen, indem Sie die Konturen mit 1 mm Zugabe umranden, danach ausschneiden, das Tonpapier an der betreffenden Stelle mit Fixogum einstreichen und das Transparentteil seitenrichtig aufkleben. Bekleiden Sie die Ausschnittflächen folgendermaßen: Kamm und Kehllappen in Rot; Kopf, Flügel und Körper in Braun; Schnabel in Orange; Grasbüschel in Hellgrün; Eier in Violett, Pink, Gelb und Blau. Verschiedene Ausschnittflächen, die aneinanderstoßen und mit dem gleichen Transparent bekleidet werden, brauchen Sie nicht einzeln anzupassen; nur die jeweiligen äußeren Konturen umranden, diese miteinander verbinden, so daß Sie anstatt mehrere Teile nur ein größeres Teil auszuschneiden haben. Zum Schluß das Tonkartonteil komplett mit Fixogum einstreichen und schnittkantengleich auf das Tonpapierteil aufkleben. Mit dem Folienstift das Auge einmalen.

Die Vorlage zu „Mutter Henne" finden Sie auf Seite 176.

Hinweis
Die nebenstehende Grafik gibt anhand der dunkleren Flächen an, welche Formen auszuschneiden sind. Die Zahlen wiederum geben die Reihenfolge der Ausschnitte an.

Mein Tip

Die Eierkontur separat herausarbeiten, in fünf bis sechs verschiedenen Farbtönen anfertigen und mit einem Faden in verschiedenen Längen am unteren Grasbüschelrand verteilt als Mobile aufhängen.

Transparente Tonkartonmotive

Küchennostalgie

Material
Schneidunterlage
Tonkarton: blau
Tonpapier: blau
Transparentpapier:
pink, weiß, violett,
braun, gelb

Zur Herstellung der Schablone einfach ein DIN A4-Transparentpapier über die Vorlage von Seite 95 legen, in den Buchbund einschieben, so daß es nicht mehr verrutschen kann und das Motiv mit einem Bleistift abpausen. Anschließend die Rückseite mit Uhu einstreichen, das Ganze auf ein festeres Zeichenpapier kleben und trocknen lassen. Danach die einzelnen Flächen, die Sie vorher in Form von einer Schraffur markieren sollten, ausschneiden. Beachten Sie dabei die untenstehende Grafik; die Nummern geben die Reihenfolge der Ausschnitte an: Topf, Handtuch, Halsrüsche, Armrüsche und Bindeschleife, Haare mit Haarsträhnchen, Gesicht, rechter Arm, Schürze, Kartoffeleimer, Rockkontur. Tonkarton und Tonpapier etwas größer als das eigentliche Motiv vorschneiden, entlang der äußeren Kante zusammenklammern, die Schablone an drei Stellen mit Tesafilm auf der Kartonseite befestigen und alle Konturen vorsichtig nachzeichnen. Die Schablone wieder entfernen und, wie vorerst beschrieben, in der gleichen Reihenfolge die Flächen ausschneiden. Extreme Rundungen immer mit der Messerspitze des Cutters ausstechen; den Cutter dabei senkrecht zur Arbeitsfläche halten. Nachdem Sie alle Konturen ausgeschnitten haben, beide Motivteile auseinanderklappen, so daß der Karton links und das Tonpapier rechts vor Ihnen liegen. Das farbige Transparentpapier über die einzelnen Ausschnittflächen legen, die Kontur ½–1 mm größer mit einem Folienstift nachzeichnen, ausschneiden und seitenrichtig auf das mit Fixogum versehene Tonpapierteil kleben. Schürzenoberteil und Bund können in einem Stück ausgeschnitten werden, ebenso die Bindeschleife, der 2teilige Topf und die Kartoffeln. Nachdem Sie alle Flächen abgeklebt haben, streichen Sie das gesamte Tonkartonteil mit Fixogum ein und kleben es auf das Tonpapierteil. Überschüssige Klebemasse nach dem Trocknen mit dem Finger wegrubbeln. Zum Schluß das Gesicht mit einem Folienstift aufmalen.

Die Vorlage zu „Küchennostalgie" finden Sie auf Seite 177.

Hinweis
Die nebenstehende Grafik gibt anhand der dunkleren Flächen an, welche Formen auszuschneiden sind. Die Zahlen wiederum geben die Reihenfolge der Ausschnitte an.

Mein Tip

Möchten Sie dieses Motiv als Geschenk anfertigen, dann sollten Sie auch die Lieblingsfarben der betreffenden Person berücksichtigen.

Transparente Tonkartonmotive

Gute Besserung!

Material
Schneidunterlage
Tonkarton: rot
Tonpapier: rot
Transparentpapier: weiß, rot, ocker, blau

Das Motiv von Seite 96 abpausen, von der Rückseite her mit Uhu einstreichen und auf ein festeres Zeichenpapier kleben. Die Ausschnittflächen schraffieren und nacheinander entfernen: Schleife, Gesicht, Haube, Arme, Brief, Rock und Schürze. Sie können die Haube ausschneiden, Weiß hinterkleben und das Kreuz in Rot daraufsetzen, oder, wie das Foto zeigt, die Haubenkontur leicht anschneiden und das Kreuz ausschneiden. Jetzt noch die Außenkontur und fertig ist die Schablone. Tonkarton und Tonpapier zusammenheften, Schablone mit Tesafilm auf der Kartonseite befestigen, die Konturen nachzeichnen und ausschneiden. Eine spitz zulaufende Kontur von beiden Seiten immer zur Spitze hin schneiden (Falten der Schürze). Beide Gerüstteile auseinanderklappen, das farbige Transparentpapier (siehe Foto) über die freien Flächen des Tonkartons legen und die Konturen ½–1 mm größer nachzeichnen, danach ausschneiden. Das Tonpapier an den betreffenden Stellen mit Fixogum einstreichen, die Transparentteile seitenrichtig darauf ausrichten und fixieren. Nacheinander alle Flächen abkleben und die beiden Gerüstteile zusammenkleben. Das Gesicht aufmalen.

Die Vorlage zu „Gute Besserung!" finden Sie auf Seite 178.

Transparente Tonkartonmotive

Leuchtturm

Je ein DIN A4-Transparentpapier auf eine Buchhälfte legen und in die Buchmitte einschieben, so daß das Transparentpapier nicht mehr verrutschen kann. Danach beide Blätter mit einem Tesafilm, Stoß an Stoß, zusammenkleben. Die Konturlinien von der Rückseite her mit Uhu einstreichen und auf ein festeres Papier kleben. Um die Bleistiftkonturen nicht zu verwischen, ein DIN A4-Blatt beim Glattstreifen darüberlegen. Die auszuschneidenden Flächen schraffieren und mit dem Cutter entfernen. Beginnen Sie mit dem Geländer des Leuchtturms, dann weiter mit den Fenstern, dem Dach und den Leuchtstrahlen. Nacheinander die übrigen Flächen ebenfalls entfernen und fertig ist die Schablone. Tonkarton und Tonpapier zusammenheften, die Schablone mit Tesafilm auf dem Karton befestigen und alle Konturen mit Bleistift umranden. Schablone entfernen und das Motiv, wie vorerst beschrieben, in der gleichen Reihenfolge ausschneiden. Beide Motivteile auseinanderklappen, so daß die Innenseiten obenauf liegen. Farbiges Transparentpapier über die Ausschnittflächen des Tonkartons legen, Konturen 1 mm größer mit dem Folienstift nachzeichnen, dann ausschneiden. Das Tonpapier an den betreffenden Stellen mit Fixogum versehen und die Transparentteile aufkleben. Zum Schluß den Tonkarton mit Fixogum einstreichen, kantengleich auf das Tonpapier kleben und ein Aufhängeloch anbringen.

Material
Schneidunterlage
Tonkarton: blau
Tonpapier: blau
Transparentpapier: blau, weiß, gelb, rot, braun

Die Vorlage zum „Leuchtturm" finden Sie auf Seite 164/165.

Weihnachtlicher Fensterschmuck

Weihnachten

Komet

Material:
Tonkarton: Blau
Scherenschnittpapier:
Rückseite gummiert
Transparentpapier:
Gelb

Alle Vorlagen abpausen und den großen Stern 2mal, den kleinen Stern 16mal auf den Tonkarton übertragen.
Über die freien Flächen, auf die Innenseite von je einem Sternenteil, gelbes Transparentpapier kleben. Letzteres auflegen, mittig des Rahmensteges die Randkontur mit einem Folienstift nachzeichnen und ausschneiden. Die kleinen Sterne paarweise zusammenkleben. Auf die Transparentfläche des großen Sterns Maria und Jesus in Form eines Scherenschnittes aufkleben. Für letzteren die entsprechende Vorlage abpausen, seitenverkehrt auf die helle Rückseite des Scherenschnittpapiers legen und die Linien mit Hilfe von Durchschlagpapier übertragen. Anschließend mit einer Nagelschere die Form ausschneiden. Die gummierte Rückseite anfeuchten und auf dem Stern plazieren. Beide Sternteile gegeneinanderkleben, so daß das Transparentpapier dazwischen liegt. Zum Schluß die kleinen Sterne wie auf dem Foto ersichtlich aneinanderreihen und an jeweils zwei Spitzen überlappend ankleben. Zum Schluß den Schweif am großen Stern plazieren.
Großen Stern zwischen Daumen und Zeigefinger ausmitteln und dort einen Faden zum Aufhängen anbringen.

Die Bastelvorlagen zum Komet befinden sich auf Seite 187.

2A = Stern
2B = Maria und Jesus
2C = Sternvorlage für den Schweif

Nikolaus

Nikolaus-Mond

Alle Motivvorlagen abpausen; Butterbrotpapier oder besser noch grafisches Transparentpapier verwenden, welches die Kontur der Zeichnungen deutlich durchscheinen läßt. Mit Hilfe von Durchschlagpapier alle Motive auf den Tonkarton übertragen. Letzteren in der jeweiligen Motivgröße doppelt legen oder ein gleichgroßes Stück Tonkarton unterlegen; außerhalb der Konturen mit einem Tacker zusammenklammern, um ein Verrutschen der Kartonteile zu vermeiden.

Bei Mond, Stern, Komet und Engel zuerst die Innenkonturen entlang-, dann erst die Außenkonturen ausschneiden. Von Vorlage 5 die Innenkontur des Sterns erneut auf doppelt gelegten Tonkarton übertragen. Gewünschtes Muster mit einem Papierlocher oder einer Lochzange einstanzen, dann die Sternform selbst ausschneiden. Alle Tonkartonteile nacheinander auseinanderklappen und jeweils ein Teil davon mit buntem Transparentpapier bekleben; die Farbzusammenstellung innerhalb der einzelnen Motive ist auf dem Foto klar zu erkennen. Das Transparentpapier so auflegen, daß eine freie Fläche von Steg zu Steg nach allen Seiten hin komplett abgedeckt ist. Die durchscheinende Kontur mit Folienstift oder Kugelschreiber so nachzeichnen, daß die Zeichenlinien in der Mitte der Stege verlaufen; anschließend die Form ausschneiden. Bastelleim oder Fixogum sparsam auf die dazugehörenden Stege auftragen und die transparente Papierform aufkleben. Mit allen anderen Flächen ebenso verfahren. Die Tonkartonteile anschließend paarweise kantengleich zusammenkleben, so daß das Transparentpapier dazwischen liegt. Mit Nähnadel und blauem Faden die einzelnen Motivteile freihängend miteinander verbinden; am besten den Mond flach auf den Tisch legen und die anderen Teile, entsprechend dem Foto, dazulegen und mit doppelt gelegtem Faden aneinanderknüpfen. Wer will, kann noch mehr Sterne dazuhängen.

Material:
Tonkarton: Blau
Transparentpapier:
1 Bastelblock
Faden: Blau
Bastelleim oder
Fixogum

Die Bastelvorlagen zum Nikolaus-Mond befinden sich auf Seite 181 und 190.

2A = Monde
2B = Engel
2C = Komet
5 = Stern

Advent

Papiersterne...

Material:
Scherenschnittpapier:
wenn möglich
gummiert
Transparentpapier:
Farbe nach Wunsch

Die Bastelvorlagen zu den Papiersternen befinden sich auf Seite 182/183.

1 = Roter Stern
2 = Gelber Stern
3 = Gelber Stern
4 = Blauer Stern
5 = Gelber Stern
6 = Violetter Stern
7 = Blauer Stern
8 = Violetter Stern
9 = Gelber Stern
10 = Blauer Stern

Für alle Sterne werden quadratische Formate aus Scherenschnittpapier benötigt. Die Sternstrukturen 8 und 9 in der Vorlage können aus einem 19 x 19 cm großen Quadrat angefertigt werden; für 10, 11, 16 und 17 ist ein Quadrat von 21 x 21 cm notwendig; bei 12 und 14 reicht ein 15 x 15 cm sowie bei 13 und 15 ein 10 x 10 cm großes Quadrat. Das Papier entsprechend der untenstehenden Grafik falten, so daß die schwarze Seite innen liegt.

Die Vorlagen auf das gefaltete Scherenschnittpapier übertragen. Die Strich-Punkt-Strichlinien entsprechen den beiden Bruchkanten des gefalteten Papiers. Letztere dürfen auf keinen Fall in ganzer Länge abgeschnitten werden. Dreiecke, Halbkreise, Rauten und ähnliche geometrische Formen immer mit etwas Abstand zueinander an den Bruchkanten herausschneiden. Um ein Verrutschen der Papierlagen zu vermeiden, diese innerhalb der herauszuschneidenden Flächen mit Klammern zusammenheften.

Zum Schluß wird dann der äußere Sternrand in Form geschnitten. Das Scherenschnittpapier wieder auseinanderfalten, glattstreifen, eventuell mit Tuch glattbügeln, dann gummierte Seite anfeuchten und auf buntes Transparentpapier kleben. Überstehendes Buntpapier entlang den Scherenschnittkanten abtrennen.

In der ersten Grafik wird ein Papierquadrat 3mal gefaltet.

In der zweiten Grafik wird zuerst eine Sternstruktur auf die oberste Fläche des gefalteten Papiers gezeichnet, danach mit dem Cutter die einzelnen Flächen herausgeschnitten.

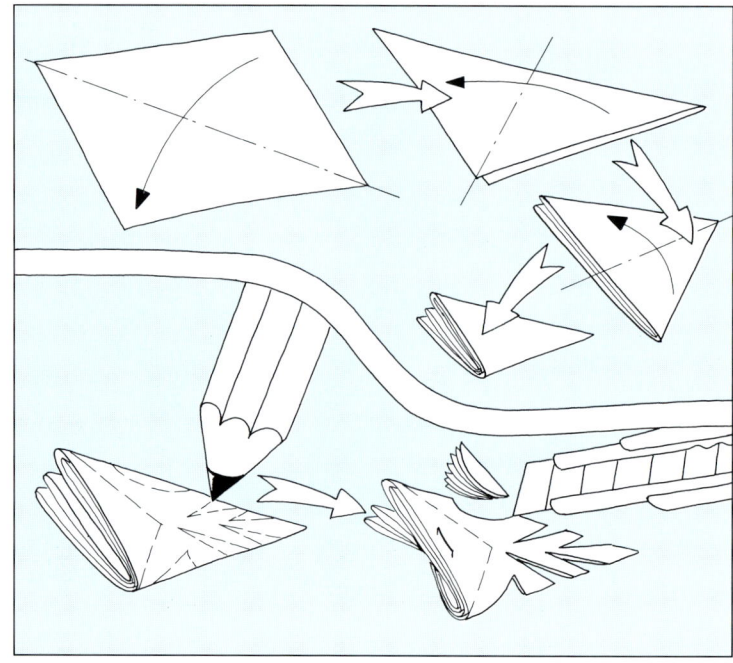

Advent

...im Faltschnitt

Weihnachten

Zu Bethlehem...

Material:
Tonkarton: Braun
Transparentpapier:
1 Bastelblock
Fixogum oder
Bastelleim

Die geteilte Vorlage abpausen und entlang den Strich-Kreuz-Strichlinien exakt aneinanderkleben. Die Konturen mit Durchschlagpapier auf den braunen Tonkarton übertragen. Letzteren in Größe der Zeichnung doppelt legen und die beiden Lagen an mehreren Stellen außerhalb der Kontur mit Heftklammern zusammenhalten. Mit etwas Druck auf den Cutter die einzelnen Flächen heraus-, dann erst die Außenkontur ausschneiden. Die Ecken so sauber wie möglich arbeiten; am besten aus der Ecke heraus- und nicht zu ihr hinschneiden. Nicht immer lassen sich beide Kartonlagen in einem Arbeitsgang durchtrennen. In diesem Fall die oberste ausgeschnittene Fläche entfernen und die Kontur der unteren erneut nachschneiden. Nachdem der Rahmen ausgeschnitten ist, beide Teile auseinanderklappen und bei einem die freien Flächen, farblich entsprechend dem Foto, mit Transparentpapier abkleben; dabei kann die Technik, wie auf der Grafik unten dargestellt, angewendet werden. Die Rahmenstege der abzudeckenden Flächen entlang der Innenkante mit Klebstoff versehen und gewünschtes Transparent großflächig darüberkleben. Jetzt sollte zügig und mit sehr leichtem Druck das überstehende Papier vorsichtig abgetrennt werden. Alle anderen Flächen ebenso handhaben. Beide Rahmenteile so gegeneinanderkleben, daß das Transparentpapier dazwischen liegt.

Das Fensterbild zwischen Daumen und Zeigefinger ausmitteln, dann an entsprechender Stelle einen Faden anknoten und am Fenster aufhängen.

Wer will, kann die Engelskörper separat aus Tonkarton anfertigen und freischwebend zum Fensterbild dazuhängen.

Die Bastelvorlage zur Krippe befindet sich auf Seite 184/185.

2A + 2B = Krippenrahmen

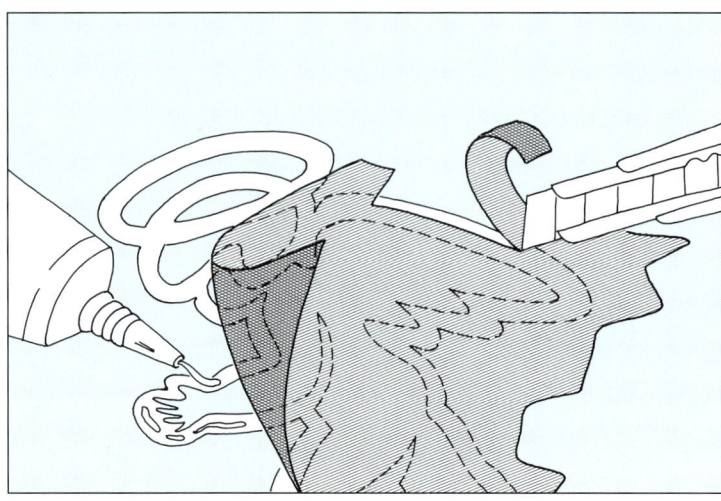

Weihnachten

...in einer Krippe

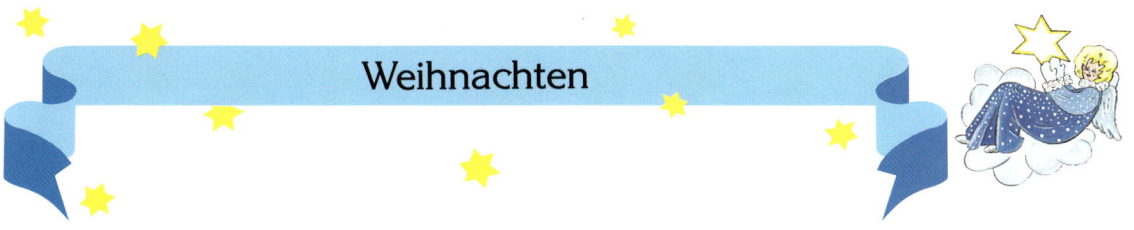

Transparente Tonkartonmotive

Stille Nacht

Material
Schneidunterlage
Tonkarton: oliv
Tonpapier: oliv
Transparentpapier: violett, braun, grün, pink, weiß, gelb, ocker, blau

Zur Schablonenherstellung ein DIN A4-Transparentpapier über die Vorlage legen, rutschfest in die Buchmitte einschieben und abpausen. Die durchscheinenden Konturlinien auf der Rückseite mit Uhu einstreichen und das Ganze auf ein festes Zeichenpapier kleben. Trocknen lassen, die Ausschnittflächen schraffieren und in der angegebenen Reihenfolge, wie die Grafik zeigt, entfernen: Maria, Jesuskind, Josef, Palme, Dach, Stern und Himmel; zum Schluß die Außenkontur. Tonkarton und Tonpapier etwas größer als das Motiv vorschneiden und entlang der Außenkanten zusammenheften. Die Schablone auf die Kartonseite legen, an drei Stellen mit Tesafilm befestigen und aufzeichnen. Schablone wieder entfernen und die Flächen in gleicher Reihenfolge, wie vorerst beschrieben, ausschneiden. Extreme Rundungen ausstechen. Nachdem alle Flächen entfernt sind und das Fensterbildgerüst nun vor Ihnen liegt, beide Teile auseinanderklappen, so daß beide Innenflächen obenauf liegen: Tonkarton seitenverkehrt, links; Tonpapier seitenrichtig, rechts. Jetzt das farbige Transparentpapier über die einzelnen Ausschnittflächen des Tonkartons legen, die Konturen ½–1 mm mit einem Folienstift nachzeichnen und ausschneiden. Danach das Tonpapierteil an den betreffenden Stellen mit Fixogum versehen und die Transparente seitenrichtig aufkleben: Gesichter in Ocker; Maria in Pink; Josef in Blau; Jesuskind in Weiß; Stallhintergrund in Gelb und Braun; Palmenstamm und Dach in Braun; Himmel in Violett. Nachdem alle Flächen abgeklebt sind, das Tonkartonteil komplett mit Fixogum einstreichen und kantengleich auf das Tonpapierteil setzen. Den gelben Stern von beiden Seiten in den Himmel einpassen und den Aufhängefaden anbringen.

Die Vorlage zu „Stille Nacht" finden Sie auf Seite 180.

Hinweis
Die nebenstehende Grafik gibt anhand der dunkleren Flächen an, welche Formen auszuschneiden sind. Die Zahlen wiederum geben die Reihenfolge der Ausschnitte an.

Variation

Dieses Modell eignet sich ganz besonders gut als Standmodell. Fertigen Sie zusätzlich zum Hauptmotiv zwei Seitenteile mit gleicher Außenkontur an. Bestücken Sie die Innenflächen mit dem Palmenmotiv als Palmenhain und verbinden Sie die drei Teile von der Rückseite aus mit jeweils einem Papierstreifen.

Sternenglanz

Material
Schneidunterlage
Tonkarton: blau
Tonpapier: blau
Transparentpapier:
weiß, ocker, pink,
violett, blau

Transparentpapier in die Buchmitte von Seite 96 einschieben, den großen Stern (halbe Form) abpausen, das Transparent etwas verschieben, dann die beiden kleineren Sterne abpausen. Ein großes Zeichenpapier hälftig falten, den großen Stern, ohne die beiden kleinen, entlang den beiden Strich-Punkt-Strich-Linien an die Faltkante des Zeichenpapiers legen, aufkleben und ausschneiden. Das Zeichenpapier auseinanderfalten und fertig ist die Sternschablone. Die beiden anderen Sterne ebenfalls aufkleben und ausschneiden. Tonkarton und Tonpapier zusammenheften, den großen Stern 1mal, den mittleren 5mal und den kleinen Stern 2mal aufzeichnen. Zuerst die großen Sternteile auseinanderklappen, weißes Transparentpapier formgleich auf das Tonpapierteil aufkleben. Die mittlere Sternschablone 3mal auf ockerfarbiges Transparentpapier zeichnen, den kleinen Stern je 1mal auf Pink, Blau und Violett. Alles ausschneiden und auf der weißen Fläche verteilt aufkleben. Farbiges Transparent den mittelgroßen Sternen anpassen und am großen Tonpapierstern außen verteilt aufkleben. Den Tonkartonstern darüberkleben und die vier kleinen Sterne darauf verteilen.

Die Vorlage zu „Sternenglanz" finden Sie auf Seite 183.

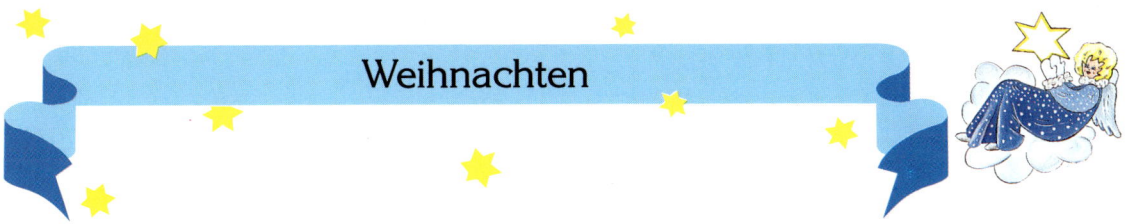

Weihnachten

Christbaum

Die Vorlagen abpausen und entlang den Strich-Kreuz-Strichlinien exakt aneinanderkleben. Erneut aufzeichnen, dann entlang den Strich-Punkt-Strichlinien ebenfalls aneinanderkleben. Nun die komplette Tannenbaumform mit Durchschlagpapier drei Mal auf den weißen Tonkarton übertragen. Zuerst die Innen-, dann die Außenkanten ausschneiden. Die Tannenbaumrahmen am mittleren Steg entlang der Bruchlinie (Strich-Punkt-Strichlinie) leicht anritzen und falzen. Die Teile zum besseren Überblick so zusammensetzen, daß eine dreidimensionale Tannenform entsteht. Ein Rahmenteil wieder entfernen und auf der Innenseite mit Transparentpapier bekleben. Ein anschließendes Rahmenteil nur an der gegenüberliegenden Christbaumhälfte mit Transparentpapier bekleben. Lametta in Form von schmalen, roten Transparentpapierstreifen am unteren Rahmenrand aufkleben, dann alle Rahmenteile zusammenkleben. Zum Schluß wird der Baum mit einem Faden im Fenster frei aufgehängt.

Material:
*Tonkarton: Weiß
Transparentpapier:
Grün, Rot, Gelb
Fixogum oder
Bastelleim*

Die Bastelvorlagen zum Christbaum befinden sich auf Seite 186.

1A + 1B = Tannenbaum mit Kerzen

Mein Tip!

Wer will, kann den Christbaum auch aus fünf oder sechs Rahmenteilen anfertigen.

Bastelvorlagen

Einfach Transparentpapier über die einzelnen Motive legen und abpausen. Verwenden Sie bitte einen weichen Bleistift, damit unschöne Strichrillen vermieden werden. Um Ihnen das Arbeiten mit den Vorlagen zu erleichtern, hier einige wichtige Hinweise.

— · — · — Strich – Punkt – Strich deutet einen sogenannten Bruch des Teiles an. Das heißt: Nach dem Abpausvorgang dieses Teil noch einmal, aber seitenverkehrt, aufzeichnen, wobei nun die Strich-Punkt-Strich-Linie die Mitte des Teiles anzeigt.

— ····· Eine Punktkette, die einer durchgehenden Linie folgt, zeigt den Weiterverlauf des abzukopierenden Teiles an, denn dieser Konturrand ist beim Zusammenkleben des Motivs nicht zu sehen.

— — — — Bei klar erkennbaren Motivformen zeigen diese Linienführungen die einzelnen Teile an, aus denen das Motiv besteht. Sie sind gut zu unterscheiden und vermeiden somit ein langes Suchen.

2 x (4 x) Eine Zahl ohne Klammer zeigt an, wie oft das Schablonenteil auf den betreffenden Tonkarton übertragen wird. Eine Zahl mit Klammern steht dann, wenn eine Figur mehrmals benötigt wird und sich somit die Aufzeichnungsvorgaben erhöhen.

┼┼┼┼ Das Rasterfeld gibt Ihnen die Möglichkeit, die einzelnen Motive zu vergrößern.

● Dieser freistehende Punkt ist ein Aufhängehinweis und bei einzelnen Motiven zu finden. Ansonsten das fertige Motiv mit Hilfe einer Stecknadel vorsichtig von links ausbalancieren, dann erst den Aufhängefaden durchstechen.

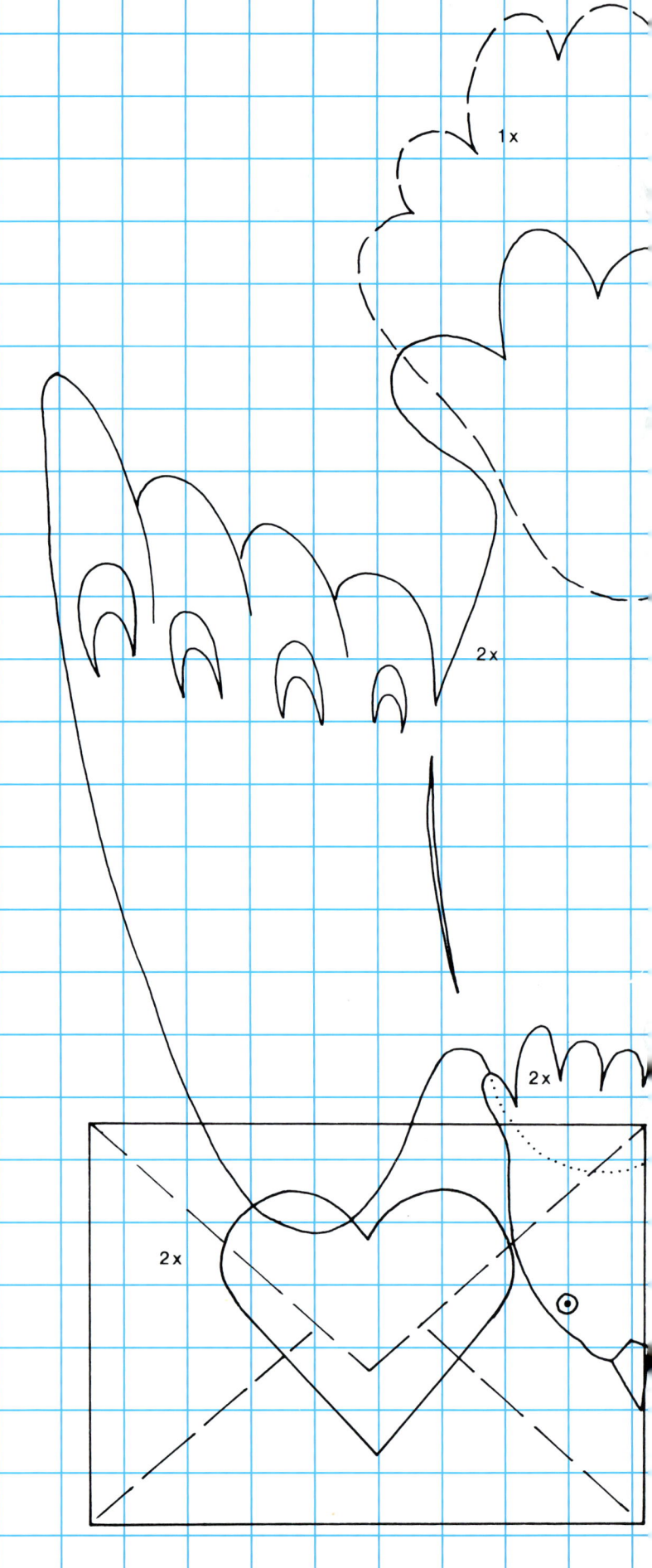

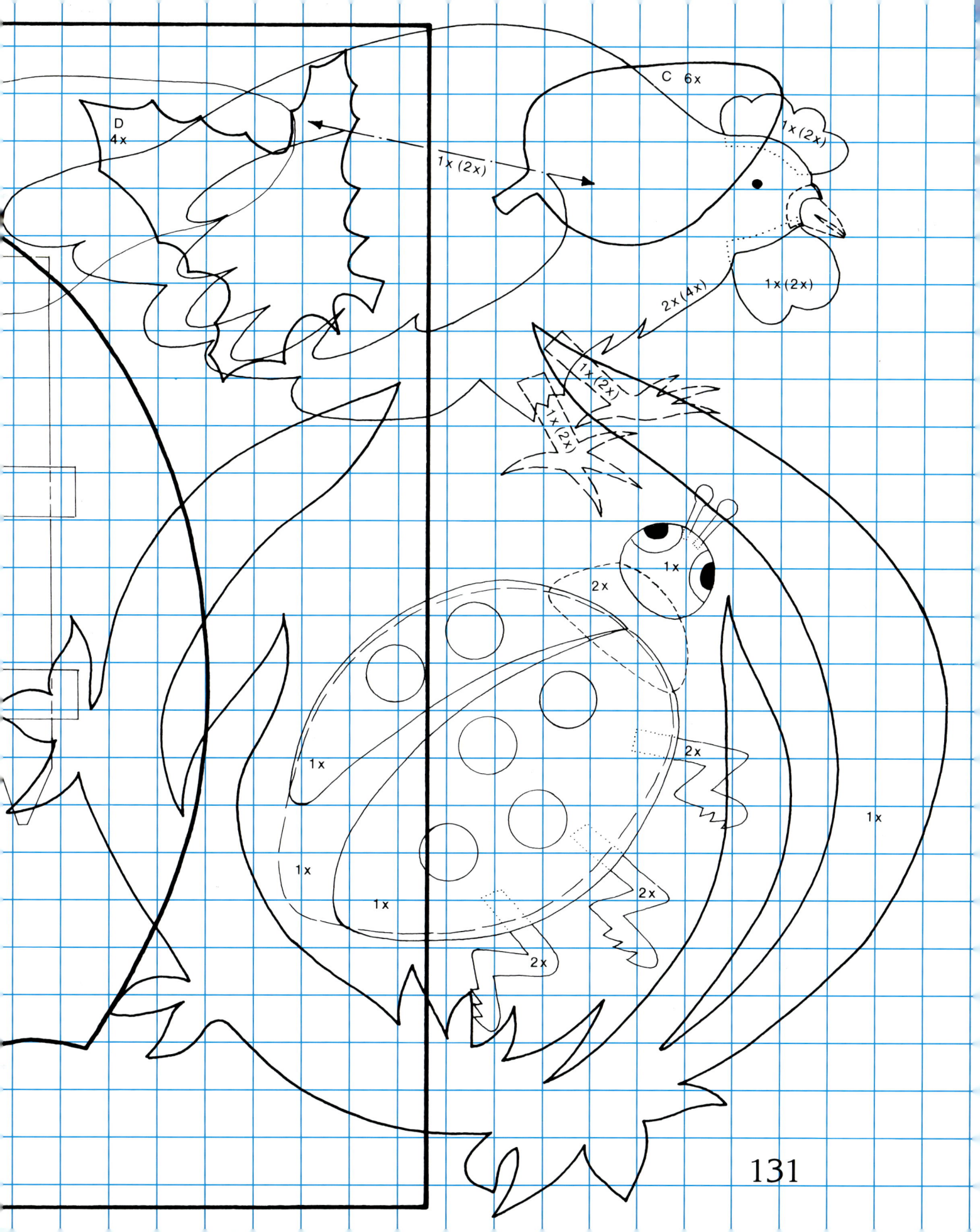

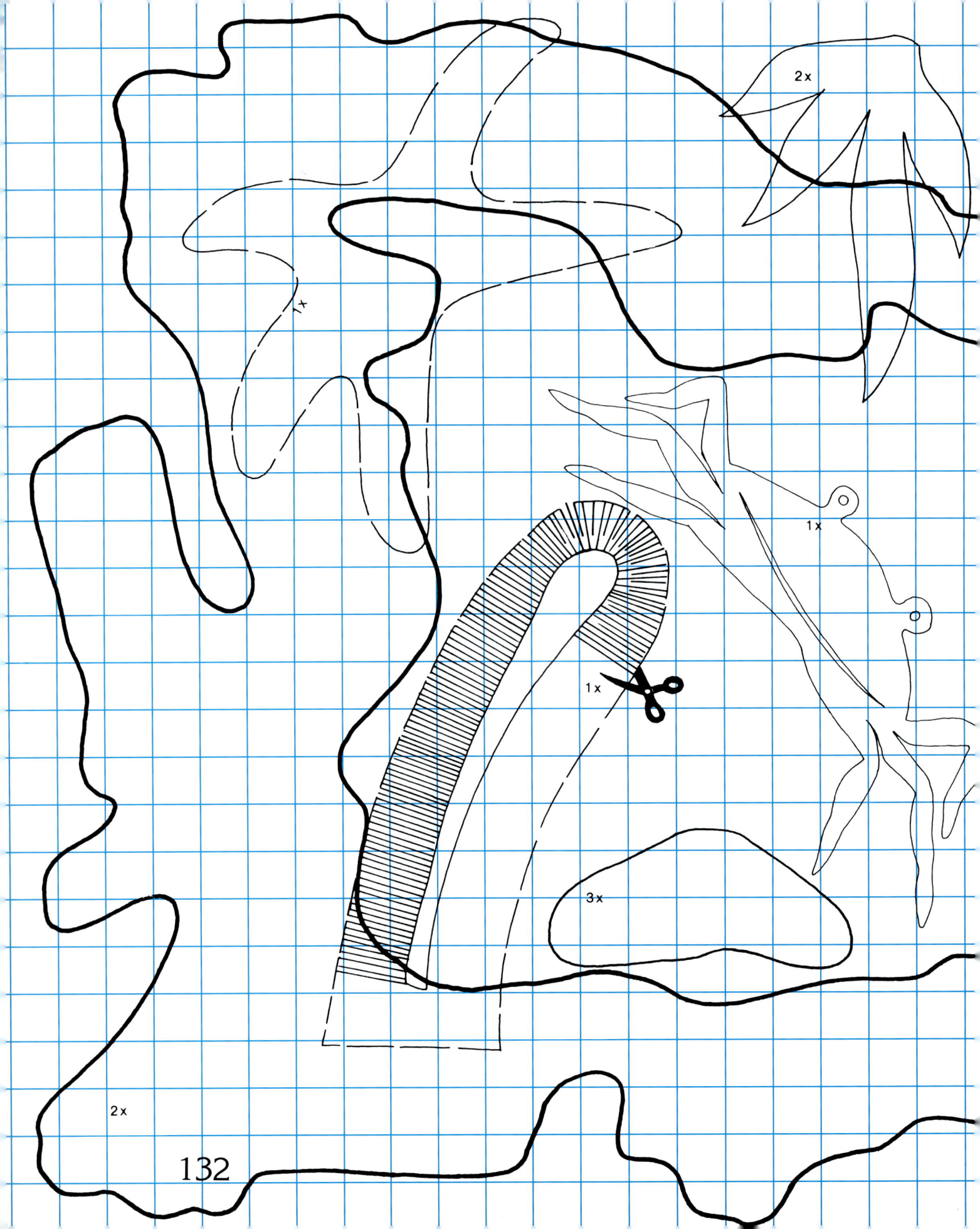

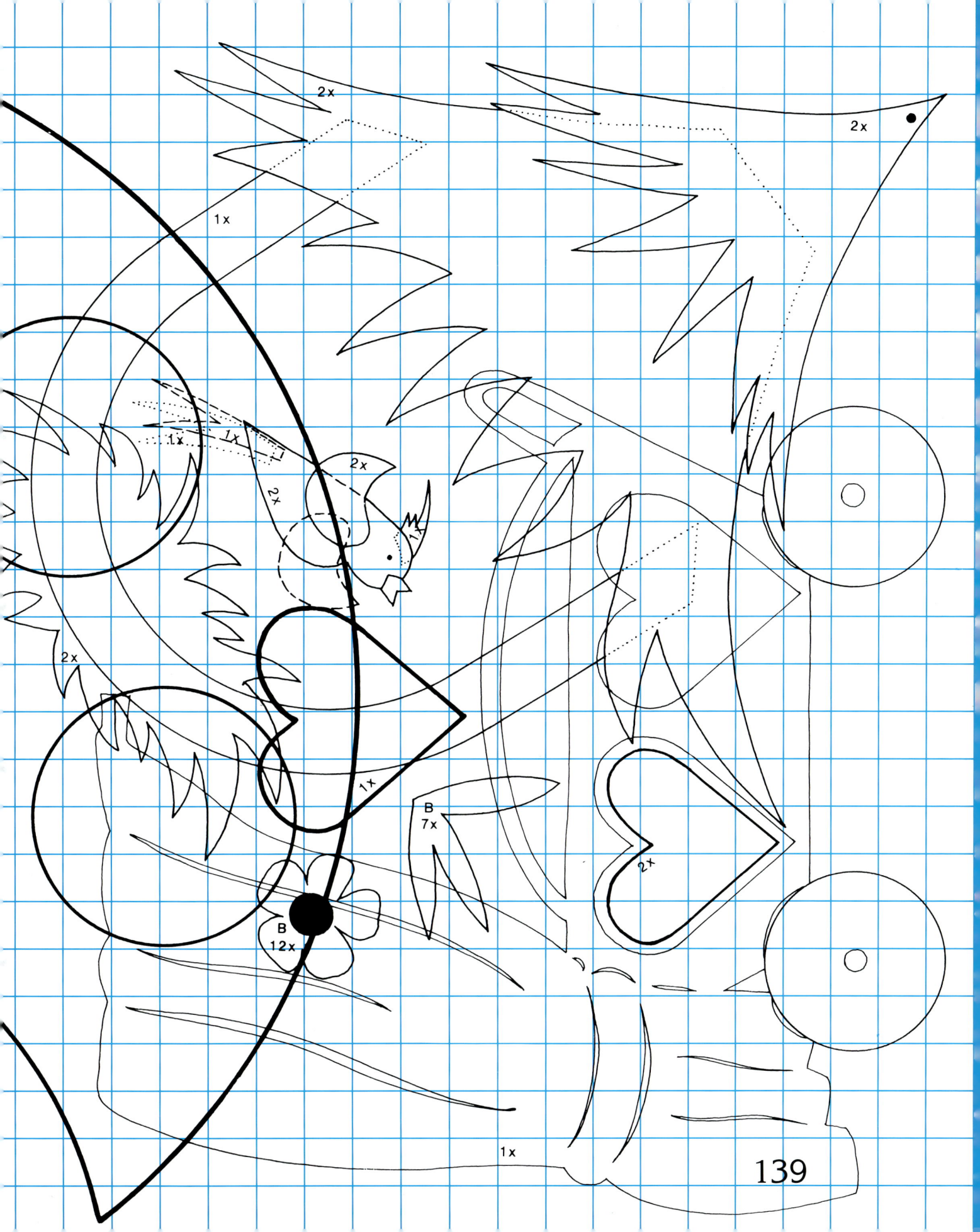

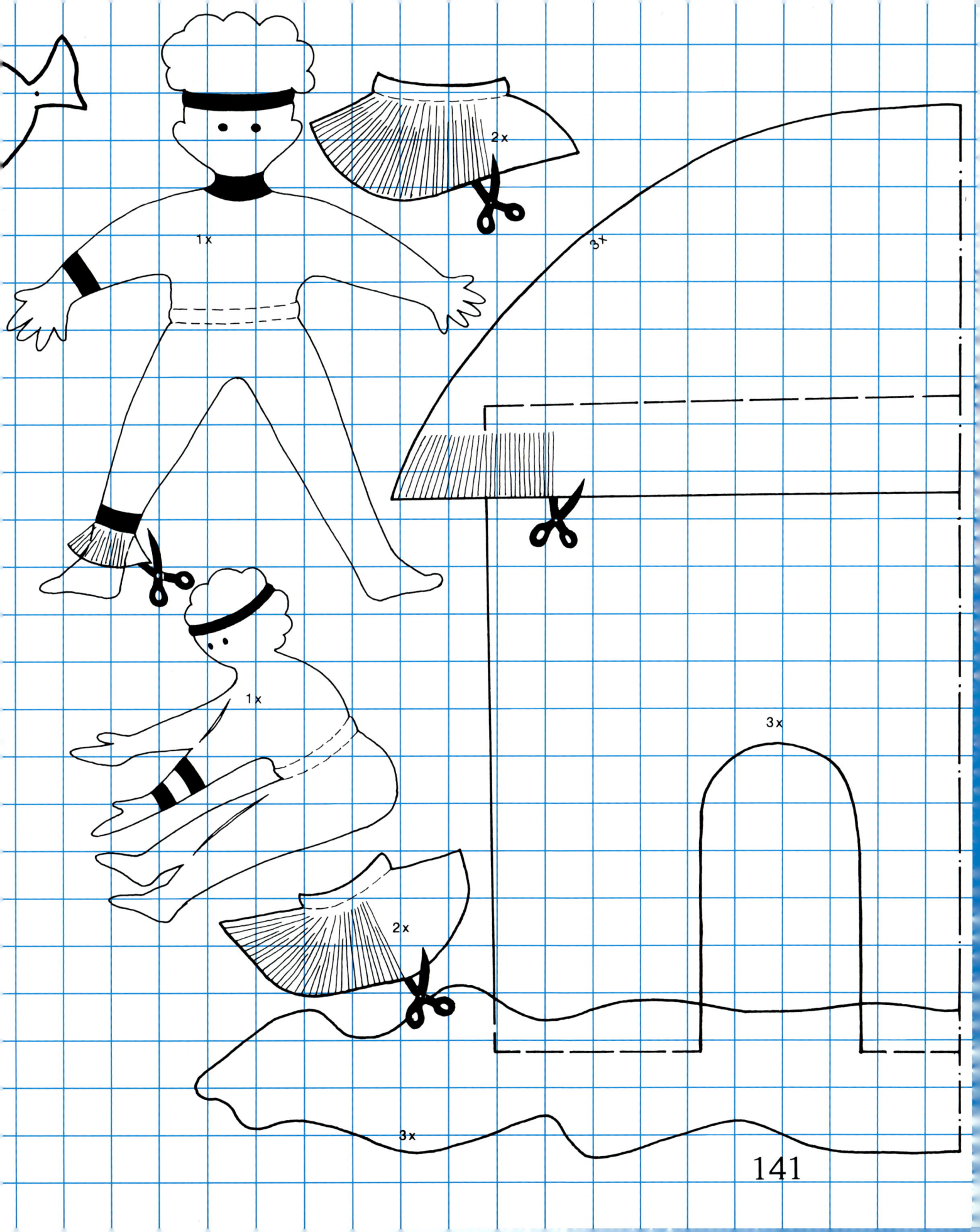

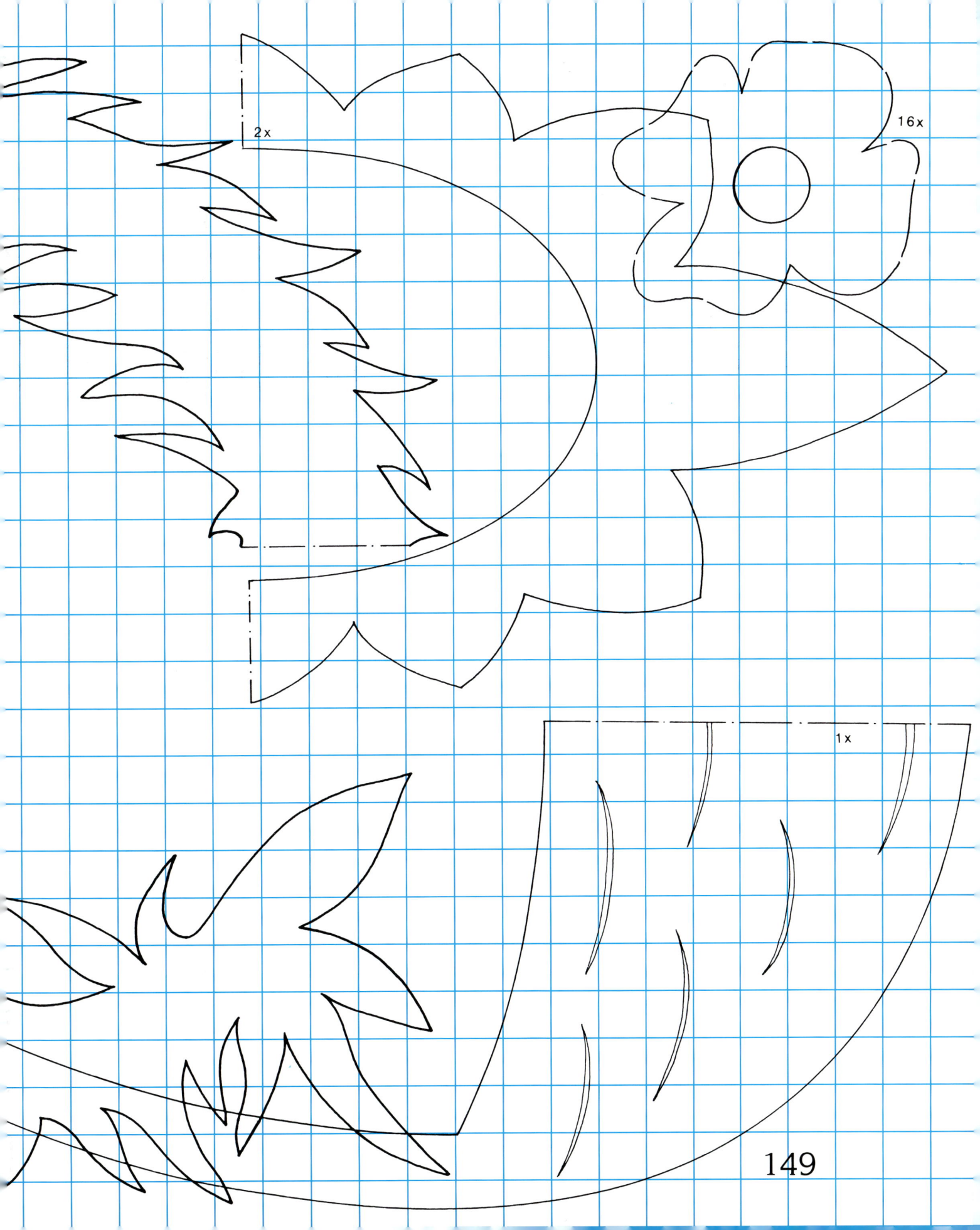

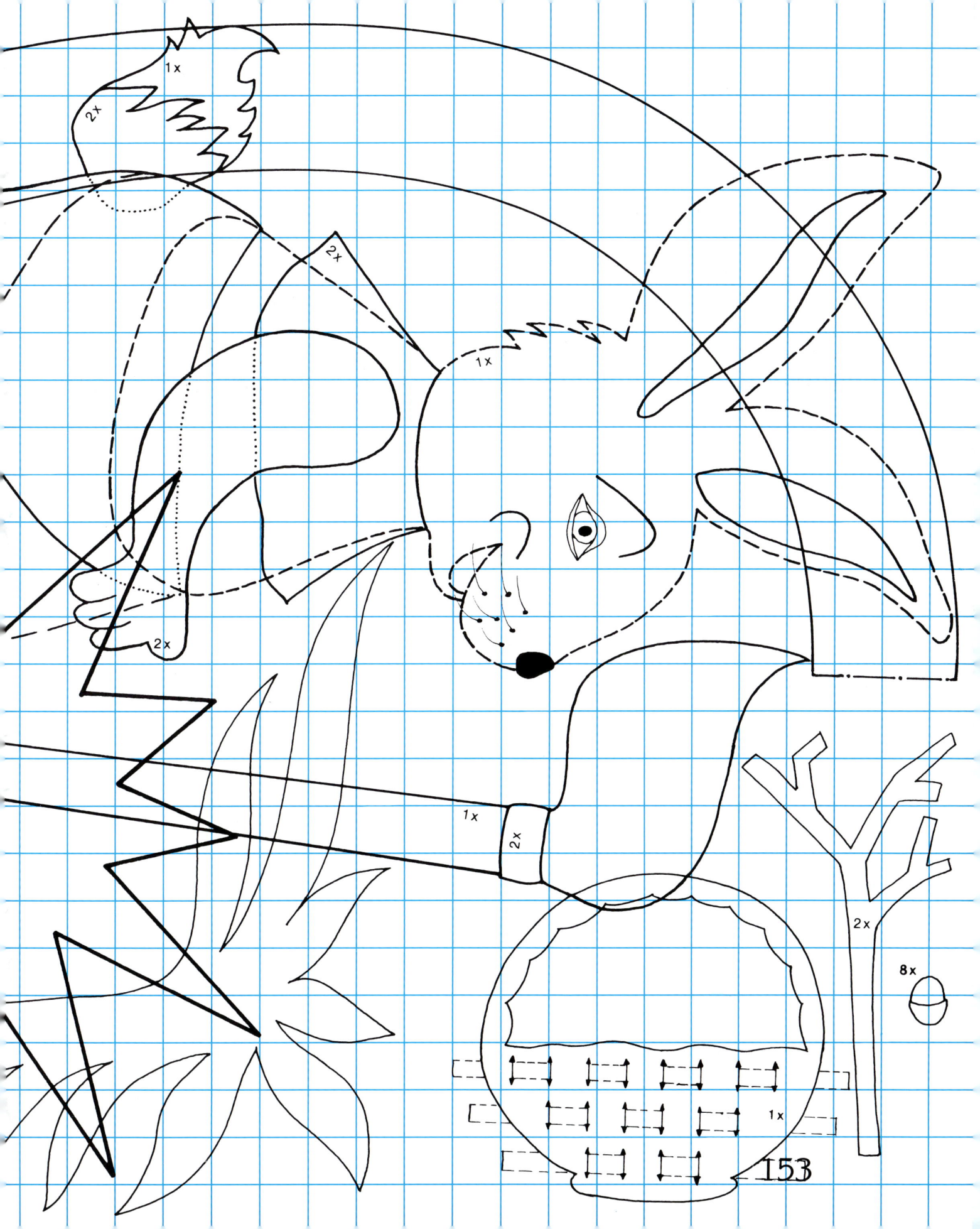

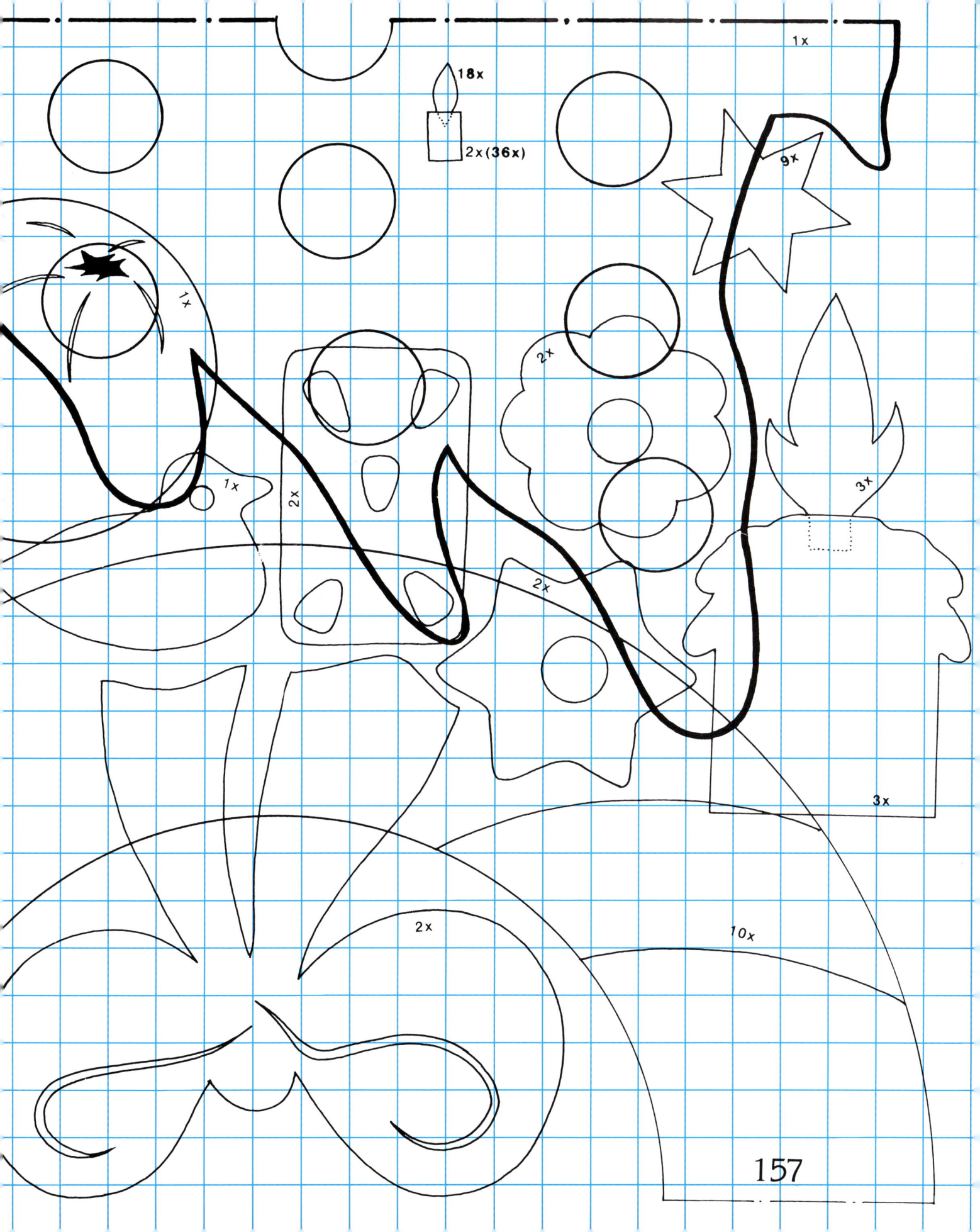

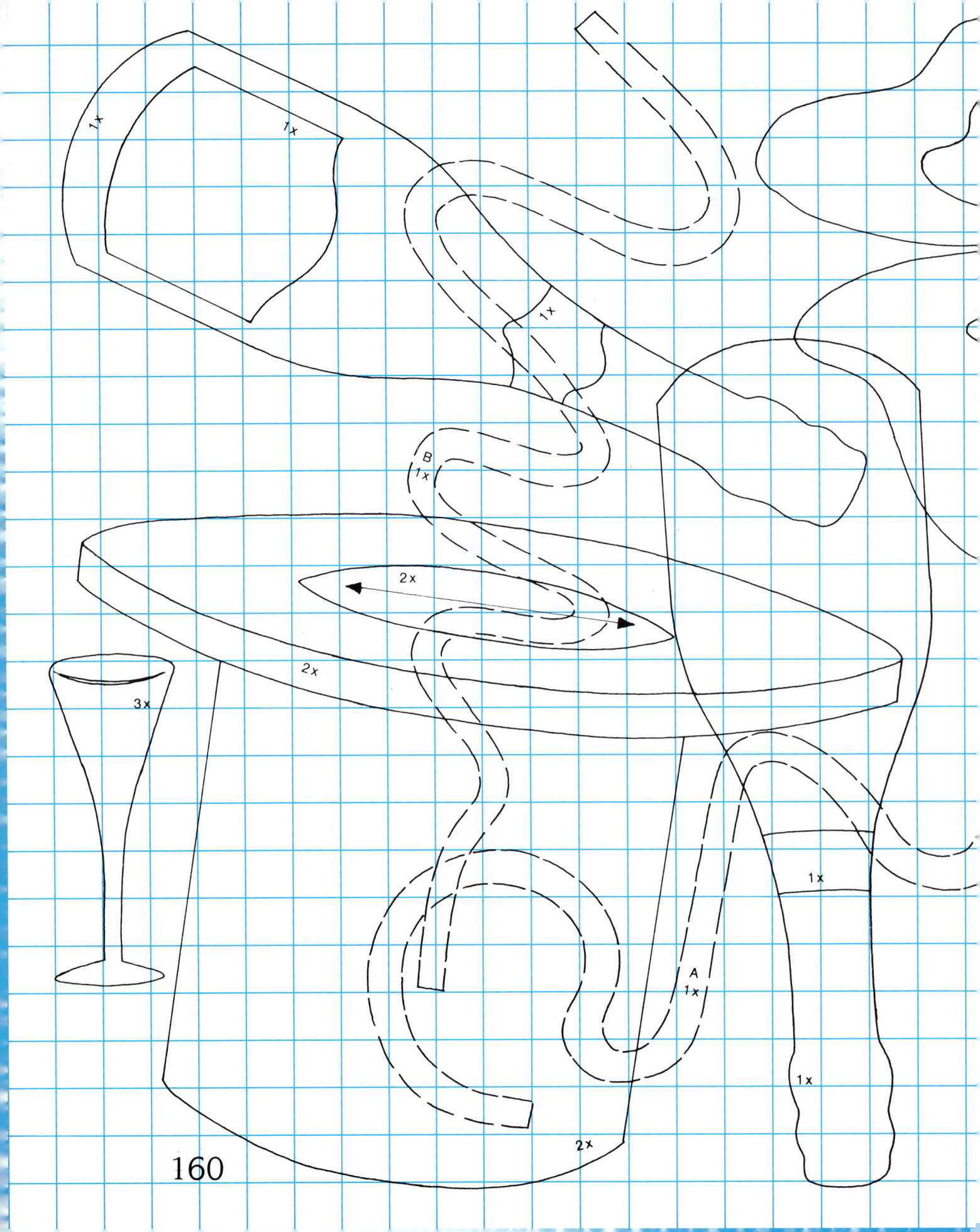

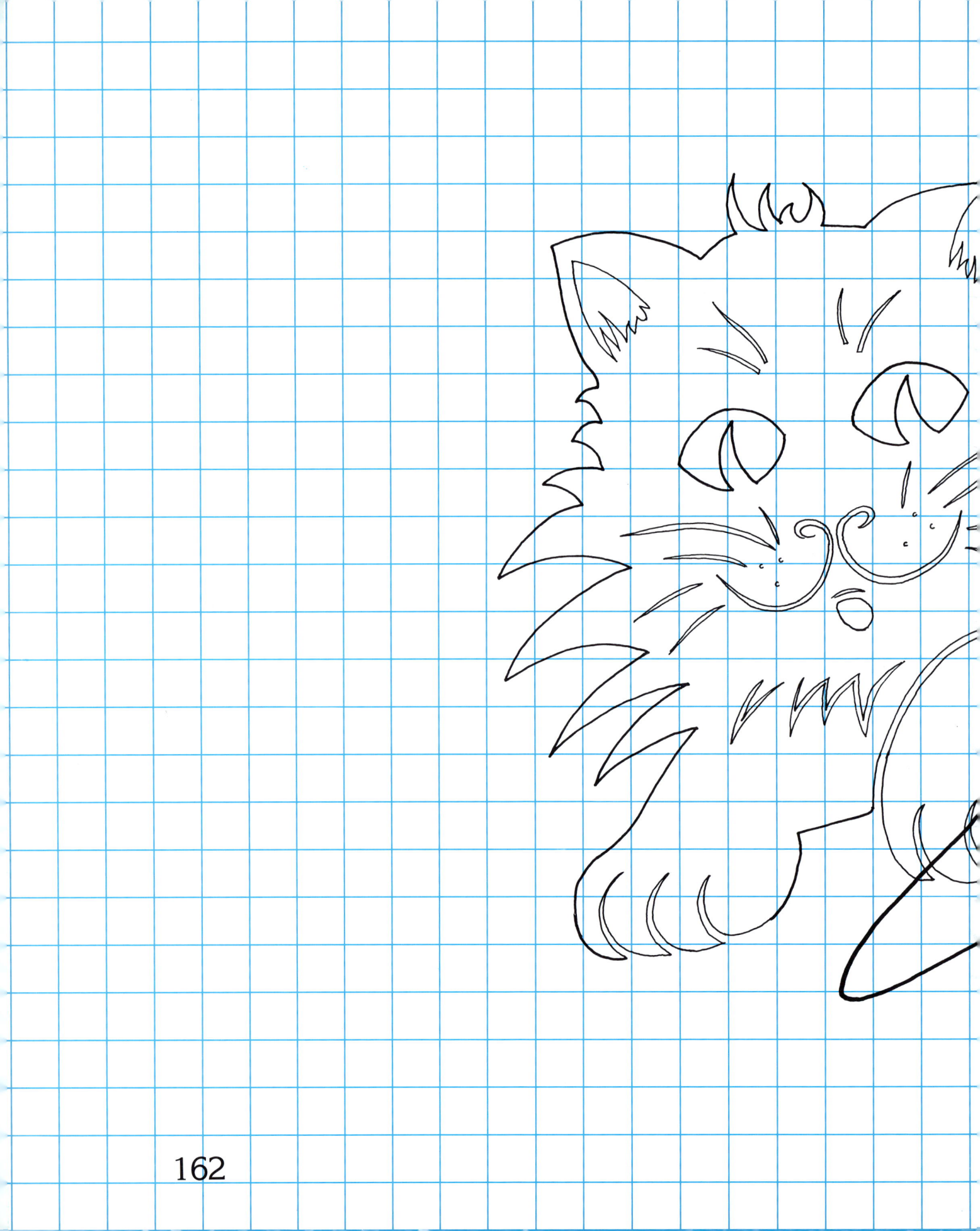

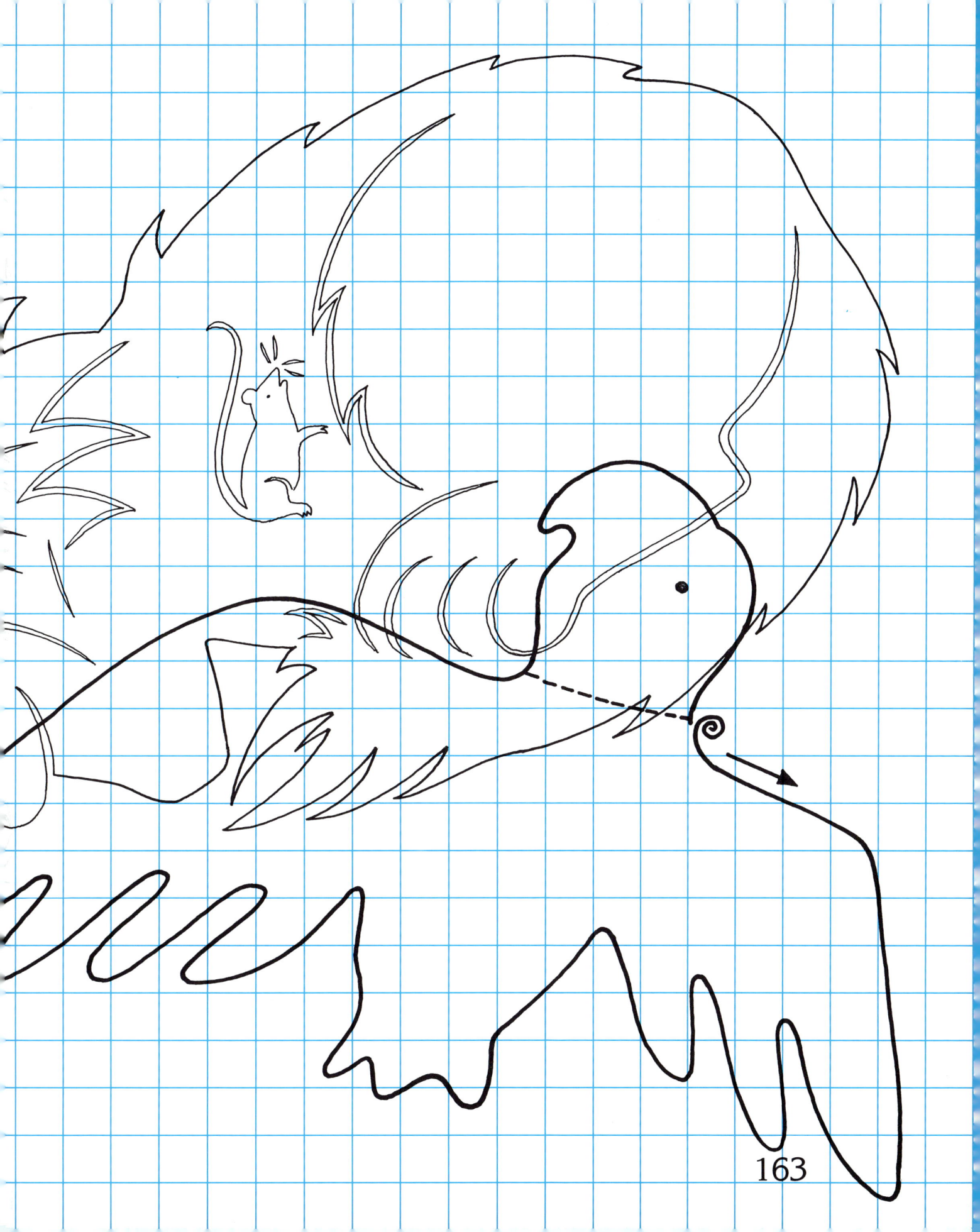

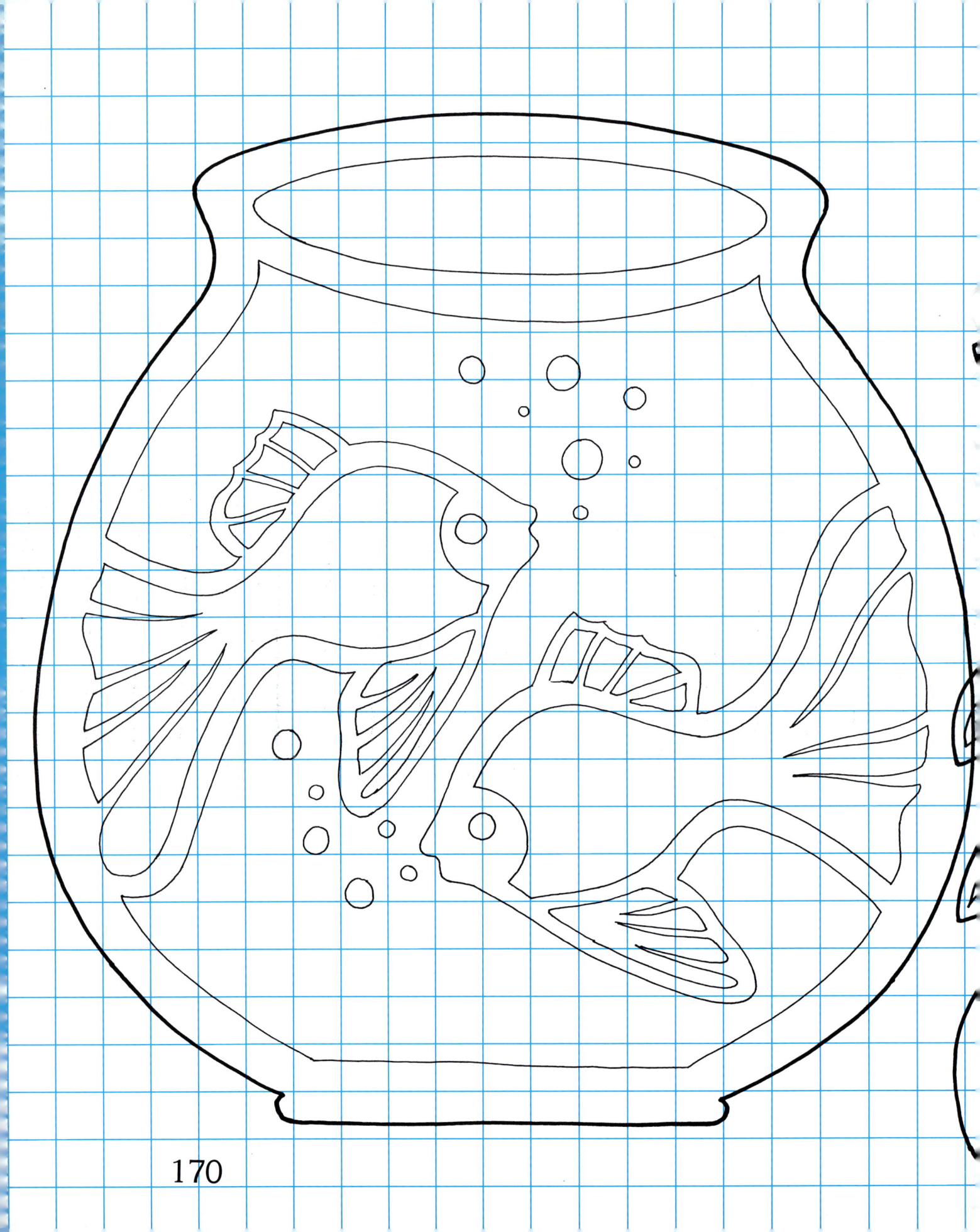

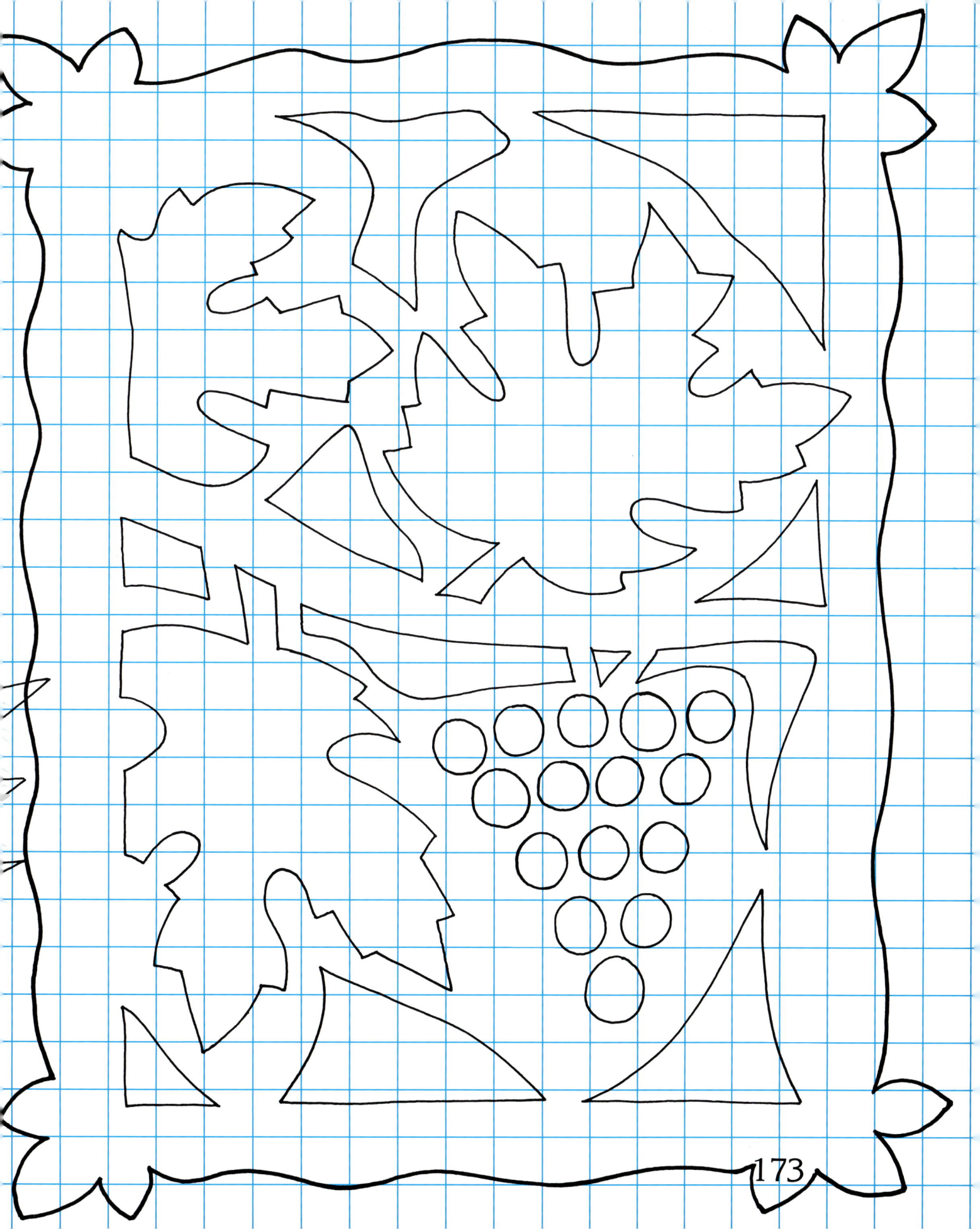

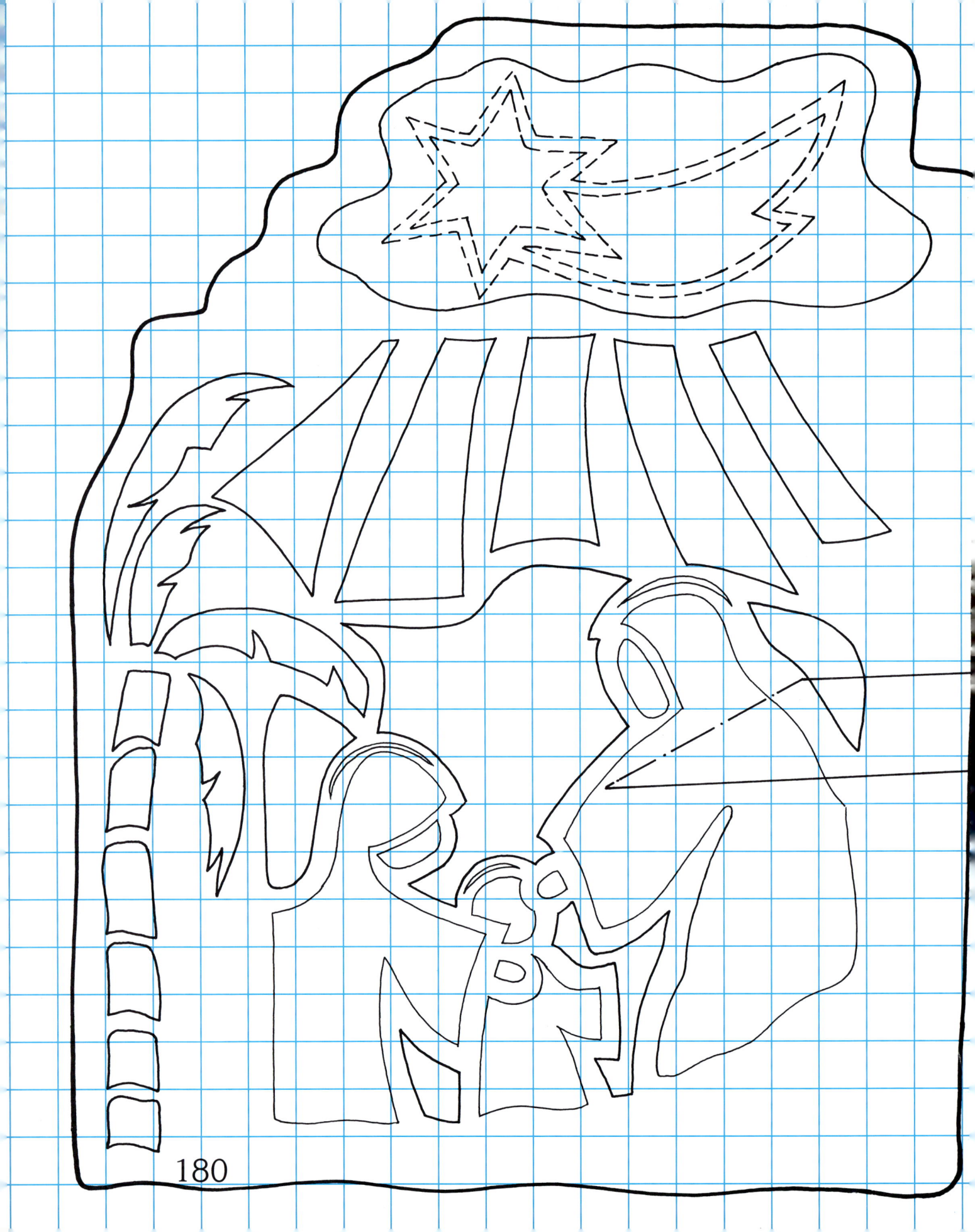

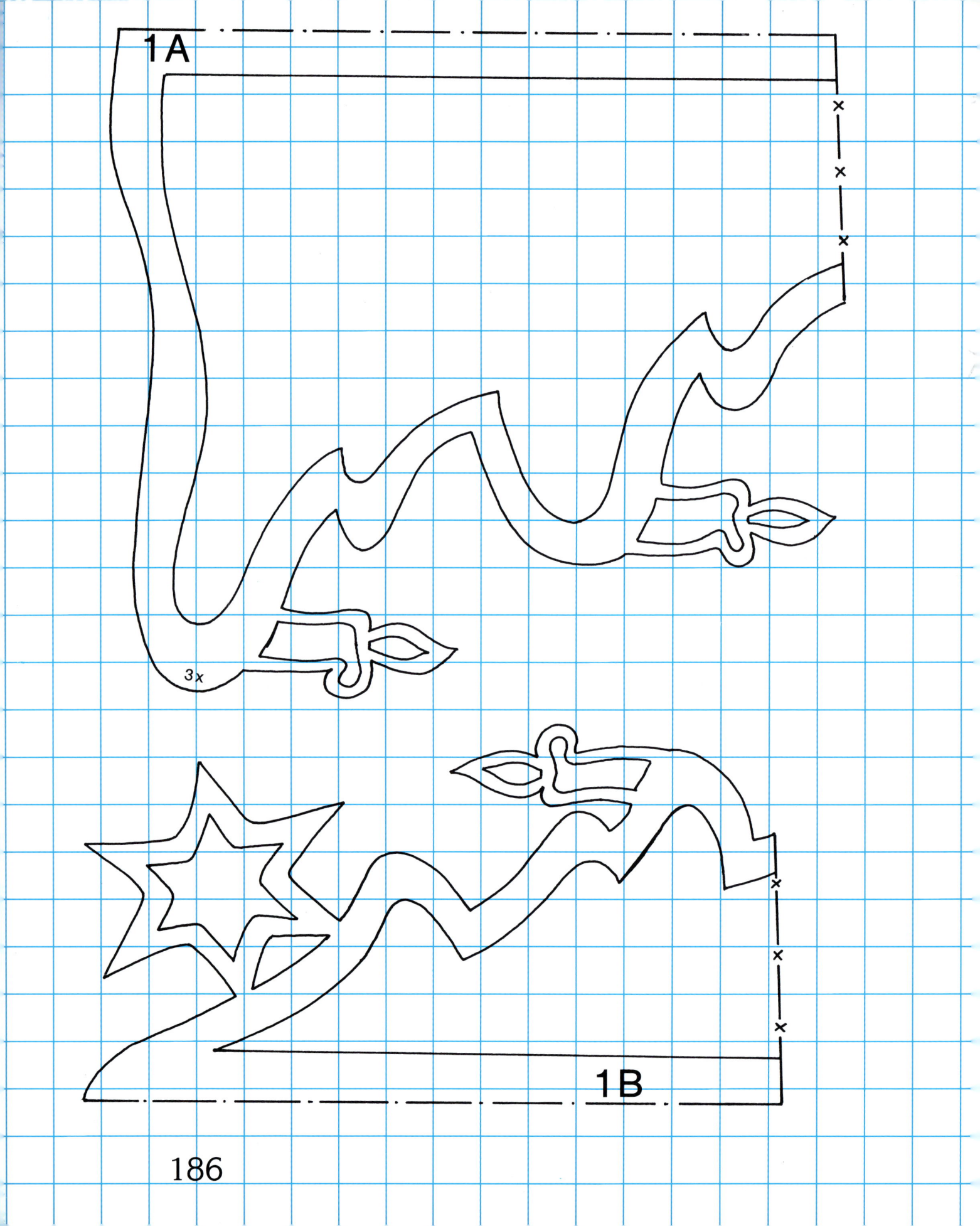

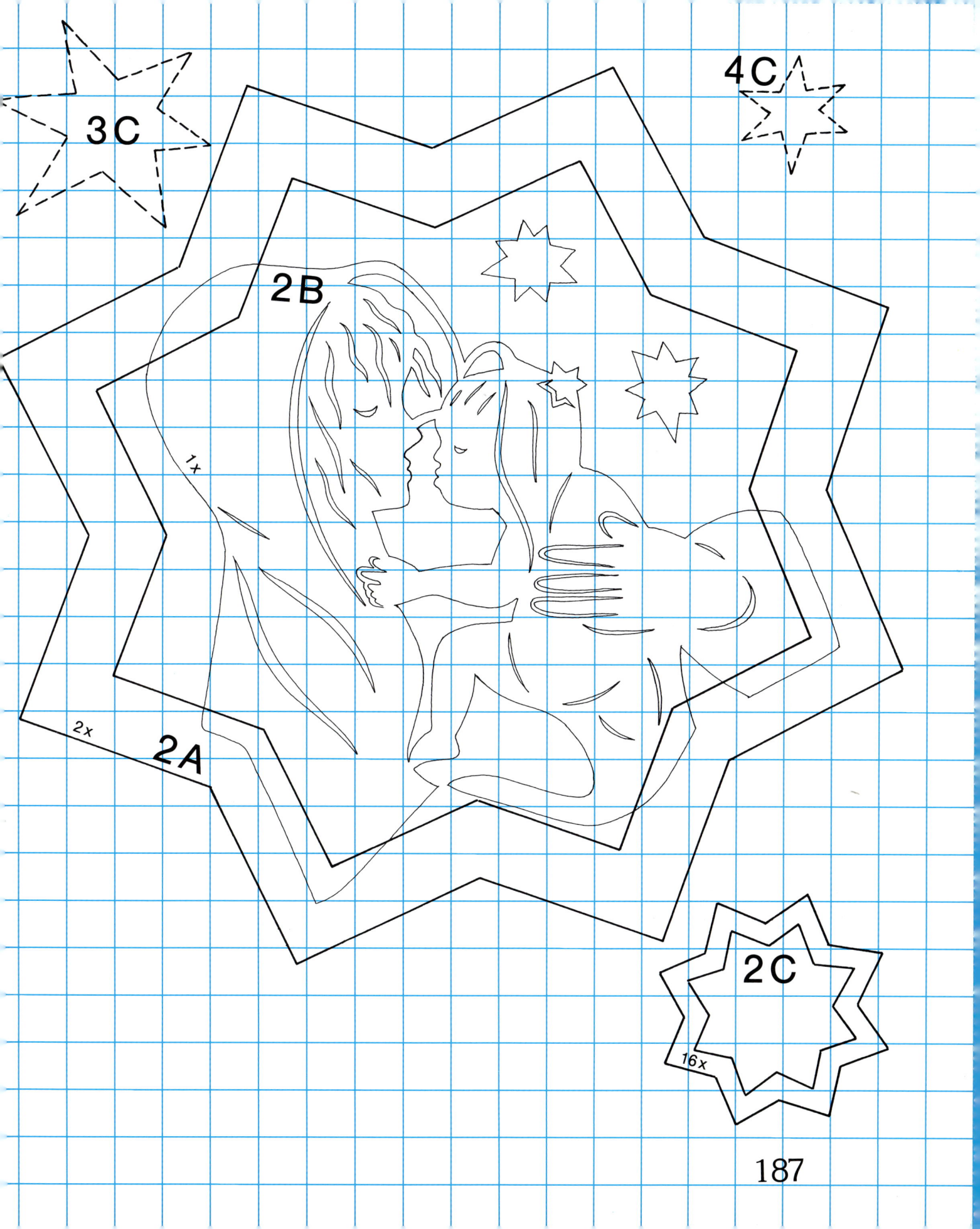

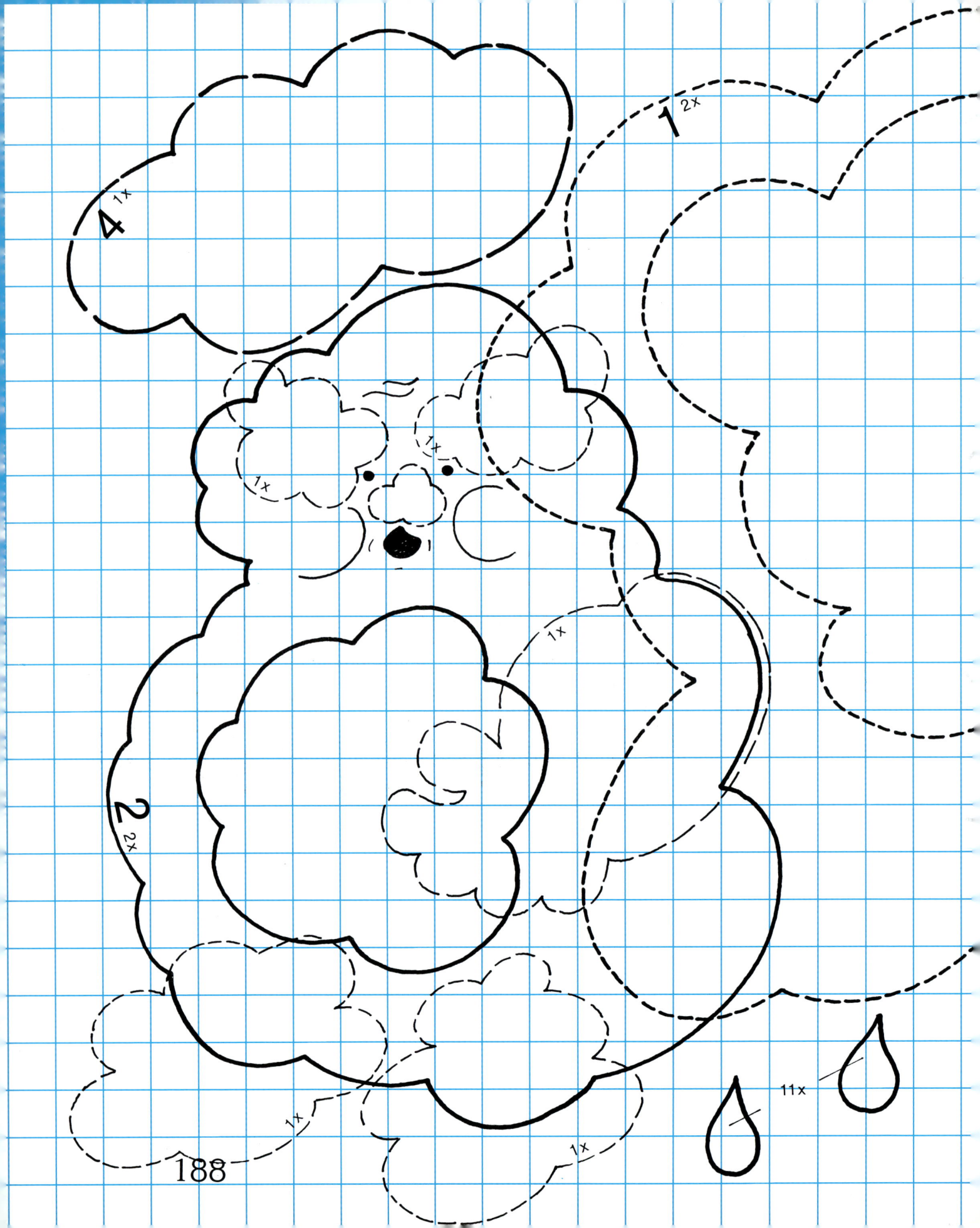